나 혼자 간다!
여행 그리스어

나 혼자 간다! 여행 그리스어

초판 1쇄 인쇄 2024년 10월 15일
초판 1쇄 발행 2024년 10월 21일

....

지은이 김혜진
펴낸이 서덕일
펴낸곳 문예림

....

출판등록 1962.7.12 (제406-1962-1호)
주소 경기도 파주시 회동길 366 (10881)
전화 (02)499-1281~2 **팩스** (02)499-1283
전자우편 info@moonyelim.com
홈페이지 www.moonyelim.com

....

....

ISBN 978-89-7482-938-4(13790)
값 14,000원

나 혼자 간다!

여행 그리스어

김혜진 지음

 문예림

머리말

일러두기

· 이 책은 그리스어 실제 발음과 가깝게 기재하였습니다.

· 〈생생 여행팁〉〈그리스가 궁금해〉 2024년 기준으로 작성하였다.

역사적으로나 문화적으로 그리스라는 나라를 빼고 유럽에 관해 이야기하기 어려울 만큼 그리스는 고대부터 문명이 발달하였고, 동양과 서양의 조화라고 불리는 헬레니즘 문화를 꽃피웠으며, 전 세계에서 많은 사람이 찾는 나라입니다. 유네스코의 엠블럼의 주인공인 파르테논 신전이 있는 아테네와 세계 3대 석양 중 하나라는 산토리니를 넘어 그리스 각지에는 우리가 여전히 알지 못하는 매력이 가득합니다. 지중해의 건강한 식재료로 만드는 맛있는 음식들과 어디서든 바다가 가까운 도시의 풍경과 계절마다 아름다운 자연은 방문하는 사람들에게 큰 즐거움입니다. 특히 그리스는 유럽 국가 중 섬을 가장 많이 보유한 나라로 6천여 개의 섬이 있습니다. 섬과 지역마다 고유의 전통과 아름다움이 가득합니다. 한국과 비슷하게 삼면이 바다로 둘러싸인 나라이고 한국인과 비슷하게 정이 많은 그리스인은 친절하고 따뜻합니다. 직접 가보면 그리스는 삶의 리듬이 한국보다 느린 나라로 다소간 불편하게 느껴질 수 있지만 그 흐름을 받아들이며 우리가 잃고 있던 여유를 찾는 기회를 열어 줄 것입니다. 그저 앞으로 빠르게 나아가는 것 말고도 우리에겐 멈춰서 나를 돌아볼 여유도 필요하니까요.

이 책은 그리스를 여행하는 사람을 비롯해 현지 파견이나 유학으로 그리스에 일정 기간 거주해야 하는 사람들을 위해 집필하였습니다. 물론 그리스나 그리스 문화에 관심이 있는 누구에게나 유용한 책입니다. 10년간 그리스에 거주하면서 경험한 실생활에 필요한 표현을 담아 활용할 수 있도록 했습니다. 또한 '생생 여행 팁'과 '그리스가 궁금해'에는 그리스 사람과 그리스에 대한 이해를 높일 수 있도록 문화적인 부분에 대한 소개를 담았습니다.

여행하면서 현지 언어와의 장벽은 여행자에게 부담이고 단기간에 배운다는 것은 어려운 일이지만, 기본적인 몇 마디만 알아도 그 이상의 가치를 가집니다. 그리스인들은 유창하지 않더라도 기본적인 인사와 감사의 표현을 그리스어로 건네는 여러분에게 더 크고 따뜻한 마음을 돌려줄 것입니다. 그리스로 떠날 준비를 하시는 모든 분에게 이 책이 좋은 안내서가 되길 바랍니다.

여러분의 그리스가 아름다운 추억으로 남길 바라며, *Καλό σας ταξίδι!*

2024년 10월 김혜진

차례

1 기본표현

2 공항, 기내

① 알파벳과 발음

🎧 0-1.mp3

그리스 알파벳은 원전 8세기부터 사용되어왔다. 자음 17개와 모음 7개, 총 24개의 글자로 구성된다. 성경에 나오는 알파와 오메가(시작과 끝을 의미)는 그리스 알파벳의 시작과 끝 글자이름이다.

우리가 흔히 알고 있는 로마자 알파벳과 비슷한 글자도 있지만 조금은 생소한 모양이다. 그리 스어는 알파벳이 가진 소리가 그대로 발음기호가 되므로 따로 발음 기호가 필요 없다. 다만 음운환경이나 이중모음, 이중자음에 따른 발음의 변화에 유의해야 한다.

발음은 이해를 돕기 위해 한국어로 표기하였지만 실제 발음과 동일하지 않은 경우가 많으므로 반드시 원어민의 발음을 통해 정확하게 익히는 것이 필요하다.

A α	άλφα	알파	αγάπη, από, σαν
Β β	βήτα	비타	영어의 /v/발음 βήμα, βρέχει, αβγό
Γ γ	γάμμα	가마	αγόρι, γόμα γούνα/ γεια (ㄱ과 ㅇ사이, ㅇ에 가깝게 발음)
Δ δ	δέλτα	델타	δάσος, δώρο, Δέλος
Ε ε	έψιλον	엡실론	εδώ, εκεί, έλα

Z ζ	ζήτα	지타	ζώνη, ζέστη, ζωή
H η	ήτα	이타	ημέρα, ημερολόγιο, καλή
Θ θ	θήτα	티타/씨타	영어의 /th/ 발음 θέση, θεωρία, αυθονία
I ι	γιώτα	요타	ίδιος, πρωί, ίσιος
K κ	κάπα	카파	κύριος, Κορέα, κόρη
Λ λ	λάμδα	람다	λεμόνι, ελιά, λάμπα
M μ	μι	미	μηχανικός, μηδέν, αμύγδαλος
N ν	νι	니	εννέα, νέος, νίκη
Ξ ξ	ξι	크시	ξανά, ξένος, ξέρω
O ο	όμικρον	오미크론	όμορφη, όμοιος, οπότε

Π π	πι	피[p]	πανεπιστήμιο, παρέα, παρόν
Ρ ρ	ρο	로	ροδάκινο, ροή, άρρωστος
Σ σ/ς*	σίγμα	시그마	σήμερα, πατέρας, σινεμά
Τ τ	ταυ	타프	τέλος, τέλεια, τώρα
Υ υ	Ύψιλον	입실론	ύψος, υπογραφή, υπόγειο
Φ φ	φι	피	영어의 /f/ 발음 φούρνος, φωνή, ΦΠΑ
Χ χ	χι	히	χάος, χειμώνας, αρχή
Ψ ψ	ψι	프시	ψάρι, ψέμα, ψήφος
Ω ω	ωμέγα	오메가	ώρα, ωραία, Κώς

* 소문자 시그마는 단어의 맨 뒤에 올 때 ς를 사용한다. (예: Γιάννης)

② 그리스어는 굴절어

그리스어는 굴절어이기 때문에 주어에 따라 동사의 어미가 변화를 한다. 한국어는 교착어이기 때문에 문법단위를 이어 붙여 문장을 만들지만, 그리스어는 동사, 형용사, 명사 등 많은 품사들이 굴절을 한다. 명사에도 남성, 여성, 중성이 존재하며 형용사 역시 명사의 성, 수, 격에 따라 함께 변화한다. 예를 들어 한국어에서 나는 공부를 한다. 라는 문장에서 주어가 '너'로 바뀌어도 공부를 한다라는 동사는 바뀌지 않지만, 그리스어는 주어에 따라 전부 다르게 변화를 한다. 따라서 동사 변화에서 어미에 따라 주어가 무엇인지 말하지 않아도 알 수 있다. 그리스어를 처음 배울 때는 꽤 혼란스럽고 어렵게 느껴질 수 있다. 하지만 모든 것은 익숙해지면 쉬워진다는 것을 잊지 말자.

③ 그리스어의 명사, 형용사의 남성, 여성, 중성

그리스어는 명사와 형용사에 성별이 있다. 따라서 사전에서 단어를 설명 할 때 주격 단수에 해당하는 형태로 소개한다. 즉, 남성 명사는 주격에서 ο , 여성명사는 η , 중성명사는 το, 를 붙인다. 대표적인 예는 다음과 같다. (각 성에 따라 어미의 형태가 몇몇 있다.)

(ο) άνδρας 남자 (η) γυναίκα 여자 (το) παιδί 아이

주어, 목적어 등으로 활용할 때는 정관사와 해당 명사가 하나의 짝으로 함께 주격, 목적격, 소유격 등으로 변화한다는 점을 꼭 기억해야 한다. 형용사는 명사의 성, 수, 격에따라 같이 변화하는 품사로, 사전에서는 주격 단수에 해당하는 세 가지 형태, 즉 남성, 여성, 중성 순서로표기한다.

ωραίος/ωραία/ωραίο

④ 그리스어 동사변화

한국어는 주어에 따라 동사어미가 변화하지 않고 동일하지만, 그리스
어는 주어가 무엇이냐에 따라 동사의 어미가 바뀐다. 따라서 1인칭,
2인칭, 3인칭을 단수와 복수로 초 6개의 어미변화를 알아야한다. 능
동 동사의 경우 어미변화 형태에 따라 A/B1, B2로 구분된다.

1인칭 단수	나는 책을 읽는다	εγώ	διαβάζω
2인칭 단수	너는 책을 읽는다	εσύ	διαβάζεις
3인칭 단수	그/그녀/ 그 사람이 책을 읽는다	αυτός/αυτή/αυτό	διαβάζει
1인칭 복수	우리는 책을 읽는다	εμείς	διαβάζουμε
2인칭 복수	당신은/당신들은 책을 읽는다	εσείς	διαβάζετε
3인칭 복수	그들은 책을 읽는다	αυτοί/αυτές/αυτά	διαβάζουν(ε)

⑤ 다른 철자 같은 소리 🎧 0-2.mp3

현대 그리스어에는 [이]로 발음 되는 철자가 여섯 개(η, ι, υ, οι, ει,
υι) 있다. 단어를 접할 때마다 [이] 발음에 유의하며 기억하도록 한다.

ήρωας[이로아스] 영웅

ιπποπόταμος[이뽀뽀타모스] 하마

υπό[이뽀] ~아래

οικογένεια[이꼬게니아/이꼬예니아] 가족

εικόνα[이코나] 그림, 아이콘

υιοθεσία[이오테시아] 입양

또한 [에] 발음이 나는 철자도 두 개(ε, αι)있다.

ερώτηση[에로띠시] 질문

αιτία[에띠아] 원인, 이유

⑥ 같은 철자가 두 번 있어도 같은 발음

γράμμα [그라마]([그람매]x)

Άννα [아나]([안나]x)

⑦ 이중자음의 발음

μπ[ㅂ], ντ[ㄷ], γκ[ㄱ], γγ, γχ[이응 받침], τσ[ㅊ], τζ[ㅈ]

μπάνιο[바뇨], μπανάνα[바나나]

ντύσιμο[디시모], ντομάτα[도마타]

γκαράζ[가라즈], γκαρσονιέρα[가르소니에라]

Αγγλία[앙글리아], άγγελος[앙겔로스]

άγχος[앙호스], μελαγχολία[멜랑홀리아]

몇몇 그리스어 교본에는 γχ를 [n]으로 발음한다고 지도한다. 그러나
정확하게는 [ㄴ] 과 [ㅇ] 사이의 소리로 약한 이응 받침에 더 가깝다.
듣기에 따라 아예 받침이 없는 것처럼 들릴 수도 있다.

Τσιγάρο[치가로], τσίπουρο[치뿌로]

Καζαντζάκης[카잔자키스], τζάκι[자끼]

⑧ 시그마 σ/ς의 발음

🎧 0-3.mp3

기본 발음은 [ㅅ]이지만, 성대가 울리는 유성자음(β, γ, δ, ζ, λ, μ, ν, ρ, μπ, ντ, τσ, τζ, γκ) 앞에서 [ㅈ]로 발음된다.

κόσμος [코즈모스]   Ισμήνη [이즈미니]

Σμύρνη [즈미르니]   σβήνω [즈비노]

σεισμός [시즈모스]   σμαράγδι [즈마라그디]

단어의 마지막에 ς가 올 때 바로 다음 단어의 시작이 유성자음이면(β, γ, δ, ζ, λ, μ, ν, ρ, μπ, ντ, τσ, τζ, γκ) [ㅈ]로 발음된다.

Πες μου [뻬즈 무]

Πατέρας μου [빠떼라즈 무]

στις γυναίκες [스띠즈 기네께스]

⑨ 이중모음 αυ와 ευ의 발음

αυ [af]	+	κ, π, τ, χ, φ, θ, σ, ξ, ψ	αυτός	Ναύπλιο
ευ [ef]			Δευτέρα	Ευχαριστώ

αυ [av]	+	모든 모음,	αύριο	αυλή
ευ [ev]		β, γ, δ, ζ, λ, μ, ν, ρ	μαγειρεύω	φεύγω

⑩ αϊ, οϊ 🎧 0-4.mp3

점 두 개가 찍힌 강세 소리를 나누어 내주는 표시이다. 앞서 배운 αι[에], οι[이] 가 아닌 각각 하나의 모음을 다 읽는다.

μαϊμού[마이무]   λαϊκή[라이끼]

또한 강세가 두 개의 모음 중 앞에 갈 때도 나누어서 하나씩 읽는다.

τσάι[차이]   ρολόι[롤로이]

⑪ 강세

그리스어 단어는 2음절 이상이 되면 강세를 가진다. 강세를 강조하여 읽어주는 것이 그리스어 발음의 기본 포인트이다. 강세의 위치를 바꾸거나 제대로 강조하지 않으면 현지인은 그 말을 이해하기 어렵다.

⑫ 요일, 달, 계절, 시간표현 🎧 0-5.mp3

❶ 요일 μέρες της εβδομάδας

월요일   (η) Δευτέρα[데프떼라] [deftera]

화요일   (η) Τρίτη[뜨리띠]

수요일   (η) Τετάρτη[떼따르띠]

목요일   (η) Πέμπτη[뺌띠]

금요일   (η) Παρασκεύη[빠라스께비] [paraskevi]

토요일   (η) Σάββατο[싸바또] [savato]

일요일   (η) Κυριακή[끼리아끼]

*월요일, 금요일, 토요일에서 f와 v발음에 주의

❷ 달 μήνες   🎧 0-6.mp3

1월	(ο) Ιανουάριος [야누아리오스]
2월	(ο) Φεβρουάριος [페브루아리오스]
3월	(ο) Μάρτιος [마르티오스]
4월	(ο) Απρίλιος [아프릴리오스]
5월	(ο) Μάιος [마이오스]
6월	(ο) Ιούνιος [유니오스]
7월	(ο) Ιούλιος [율리오스]
8월	(ο) Αύγουστος [아브구스토스]
9월	(ο) Σεπτέμβριος [셉템브리오스]
10월	(ο) Οκτώβριος [옥토브리오스]
11월	(ο) Νοέμβριος [노엠브리오스]
12월	(ο) Δεκέμβριος [데켐브리오스]

❸ 계절 εποχές

봄	(η) άνοιξη [아닉시]
여름	(το) καλοκαίρι [깔로께리]
가을	(το) φθηνόπωρο [프티노뽀로]
겨울	(ο) χειμώνας [히모나스]

❹ 시간 ώρα

오늘	σήμερα	[씨메라]
어제	χτες	[흐떼스]
그저께	προχτές	[쁘로흐떼스]
내일	αύριο	[아브리오]
모레	μεθάυριο	[메따브리오]
매일	κάθε μέρα	[까떼 메라]
아침에	το πρωί	[또 쁘로이]
오후에	το απόγευμα	[또 아뽀예브마]
저녁에	το βράδυ	[또 브라디]
밤에	τη νύχτα	[띠 니흐따]

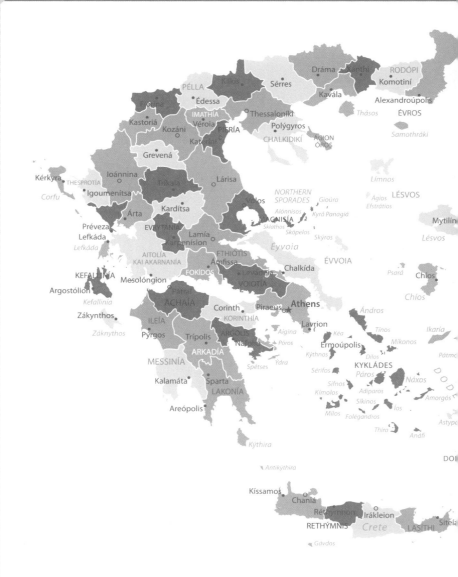

그리스의 행정구역은 가장 큰 단위부터 다음과 같이 구분된다.

περιφέρεια (지방): 13+1개
                        (9개 지방: 내륙, 4개지방: 섬 지역)
νομός (도) :51개
δήμος (시): 900개
κοινόνητα (지역): 133개

전국적으로 13개의 지방과 1개의 자치 지방인 아토스 지역으로 크게 나뉘며 아토스 지방을 제외하고 13개의 지방에 51개의 도가 있으며 도내에서 다시 900개의 시와 133개의 지역으로 나뉜다. 현재 그리스의 수도는 아테네이며 아테네는 아티키도(Νομός Αττικής)에 속한 아테네 시(Δήμος Αθηναίων)로 구분한다.

Sými
·Ródos
lki   Rhodes   Megisti
NDS

그리스는 2001년부터 유로존에 가입하여 유럽공통 화폐인 유로(€)를 사용하고 있다. 그리스는 2002년 유로를 도입할 때까지 '드라크마(Δραχμή)'라는 아주 오래된 화폐 단위를 썼으나 유로를 채택하면서 물가가 4배 이상 오르기도 했다. 드라크마는 고대 그리스의 여러 도시 국가를 비롯하여 그 뒤를 이은 여러 국가, 헬레니즘 시대의 여러 중동 왕국에서 사용하던 통화 단위이다. 신약성서에도 일용직 노동자의 하루 일당의 단위로 '드라크메'라는 말이 나온다.

1센트　　5센트　10센트　25센트　50센트　　1유로

2유로　　5유로　10유로　20유로　50유로　100유로　200유로 500유로

● 숫자 (기수)

숫자	그리스어	발음
1	ένα	에나
2	δύο	디오
3	τρία	뜨리아
4	τέσσερα	떼세라
5	πέντε	뻰데
6	έξι	엑시
7	εφτά/επτά	에프타, 엪따
8	οχτώ/οκτώ	옥또
9	εννέα/εννιά	에네아/에냐
10	δέκα	데까
11	ένδεκα	엔데까
12	δώδεκα	도데까
13	δεκατρία	데까뜨리아
14	δεκατέσσερα	데까떼세라
15	δεκαπέντε	데까뻰데
16	δεκαέξι/δεκάξι	데까엑시/데깍시
17	δεκαεφτά/δεκαεπτά	데까에프타/데까엪따
18	δεκαοκτώ/δεκαοχτώ	데까옥또/데까오흐또
19	δεκαεννέα/δεκαεννιά	데까에네아/데까에냐
20	είκοσι	이코씨

21	είκοσι ένα	이코씨 에나
30	τριάντα	뜨리안다
33	τριάντα τρία	뜨리안다 뜨리아
40	σαράντα	싸란다
45	σαράντα πέντε	싸란다 펜데
50	πενήντα	뻬닌다
60	εξήντα	엑신다
70	εβδομήντα	에브도민다
80	ογδόντα	오그돈다
90	εννενήντα	에네닌다
100	εκατό	에까또
200	διακόσια	디아꼬시아
300	τριακόσια	뜨리아꼬시아
400	τετρακόσια	떼뜨라꼬시아
500	πεντακόσια	뻰다꼬시아
600	εξακόσια	엑사꼬시아
700	επτακόσια/εφτακόσια	엡따꼬시아/에프타꼬시아
800	οκτακόσια/οχτακόσια	옥타꼬시아/오흐따꼬시아
900	εννεακόσια/εννιακόσια	에네아꼬시아/에냐꼬시아
1000	χίλια	힐랴
2000	δύο χιλιάδες	디오 힐리아데스
1/2	μισός/μισή/μισό	미쏘스/미씨/미쏘

숫자 (서수) 서수는 뒤에 오는 명사의 성, 수, 격에 따라 형용사 변화를 한다. 순서나 날짜에서 일에 해당하는 숫자를 읽을 때 서수를 사용한다.

🎧 0-8.mp3

첫 번째	πρώτος/η/ο	[쁘로또스/쁘로띠/쁘로또]
두 번째	δεύτερος/η/ο	[데프떼로스/데프떼리/데프떼로]
세 번째	τρίτος/η/ο	[뜨리또스/뜨리띠/뜨리또]
네 번째	τέταρτος/η/ο	[떼따르또스/떼따르띠/떼따르또]
다섯 번째	πέμπτος/η/ο	[뻼도스/뻼디/뻼도]
여섯 번째	έκτος/η/ο	[엑또스/엑띠/엑또]
일곱 번째	έβδομος/η/ο	[에브도모스/에브도미/에브도모]
여덟 번째	όγδοος/η/ο	[오그도오스/오그도이/오그도오]
아홉 번째	ένατος/η/ο	[에나또스/에나띠/에나또]
열 번째	δέκατος/η/ο	[데까또스/데까띠/데까또]
열한 번째	εντέκατος/η/ο	[엔데까또스/엔데까띠/엔데까또]
열두 번째	δωδέκατος/η/ο	[도데까또스/도데까띠/도데까또]

2023년 2월 기준 그리스로 가는 직항 항공기는 없으나 몇몇 여행사에서 전세기를 이용한 여행 패키지를 제공하기도 한다. 그리스로 갈 때 가장 많이 이용하는 아테네 국제공항 엘레프테리오스 베니젤로스를 비롯하여 테살로니키와 크레타 섬의 하니아 공항 등 세 곳의 국제공항이 있다. 그 밖에도 여러 지역과 섬에 국내 공항이 있다. 여름에는 유럽 각지에서 섬 으로 직항을 이용해 들어오는 경로를 많이 운항하고 있다.

● **아테네 국제공항**

Διεθνής Αερολιμένας Αθηνών ≪Ελευθέριος Βενιζέλος≫

● **테살로니키 국제공항**

Διεθνής Αερολιμένας Θεσσαλονίκης ≪Μακεδονία≫

● **하니아 국제공항**

Διεθνής Αερολιμένας Χανίων ≪Ιωάννης Δασκαλογιάννης≫

아테네 시내는 도보로 관광하는 것이 좋다. 골목골목 구경하면서 걷는 재미가 있기 때문에 주요 유적지 포함 관광지는 걸어서 이동하는 것을 추천한다. 교통체증을 감안하면 걷는 것이 더 빠른 편이다.

둘러볼만한 곳들 중 국립 고고학박물관만 위치가 시내에서 떨어져 있기 때문에 이 때는 버스를 이용하여 이동한다. 아테네의 주요 교통수단은 메트로, 버스, 트롤레이, 트램, 택시가 있다. 수니온, 메테오라, 코린토스 등 아테네 밖으로 나가는 경우는 자동차를 빌려 다니면 훨씬 편리하다. 공항과 그 주변에도 렌터카 사무실이 많고, 아테네 시내 Syggrou. Ave. 에는 다양한 렌터카 사무실이 많아 현장에서 렌트할 수 있다. 렌터카 사이트에서 미리 예약을 하면 조금 더 저렴하다. 그리스는 대부분 수동차가 저렴하고 수가 많아 자동을 예약하고 싶다면 미리 예약하는 것을 추천한다.

● **메트로 μετρό**

아테네에는 메트로가 운행된다. 빨간색, 파란색, 초록색의 세 가지 노선
이 있다. 파란색 라인은 공항까지 연결되며 빨간색은 도시의 동쪽에서 서
쪽으로 이동시, 초록색은 북쪽에서 남쪽으로 이동하는 루트이다. 지하철
안에서 인터넷 연결이 거의 되지 않으며, 초록색 노선의 경우 칸과 칸 사
이의 이동이 불가능한 구조이다.
테살로니키 메트로는 아직 운행이 시작되지 않았으나 구간에 대한 계획
과 일부 공사가 진행된 상황이다.

● **택시 ταξί**

복잡한 도심을 벗어나는 경우 택시를 타는 것을 추천한다. 택시 기본요금
이 많이 올라서 비교적 가까운 거리는 택시를 타는 것이 손해일 수 있다.
시내에서 차가 많이 막히는 시간대는 걸어서 이동하는 것이 차를 이용하
는 것보다 빠를 수 있다. 현지에서 우버 등 앱을 사용하여 택시를 이용할
수 있다.

● 버스 λεωφορείο

버스의 경우 목적지에 따라 정류장 위치를 잘 확인하여야 한다. 목적지
별로 같은 장소에 여러 개의 정류장이 있고 버스가 서는 위치가 다를 수
있다. 또한 일방 통행이 있는 도로에서는 반대편으로 가는 버스로 가려
면 단순히 길을 건너는 것이 아닌 반대 방향으로 가는 길에 있는 정류장
을 찾아가야 한다. E로 시작되는 버스는 Express, N으로 시작되는 버스
는 야간 운행, X로 번호가 시작되는 버스는 공항버스이다.

● 트롤레이 τρόλεϊ

한국인에게 조금 생소한 교통수단은 트롤레이인데 노란색 버스 위에 전
기선이 이어져 있는 형태로 운행된다. 생긴 것 빼고는 버스와 비슷하다고
생각하면 된다. 다만 전기선이 이어져 있으므로 앞에서 문제가 생기는 경
우 훨씬 오래 걸릴 수 있다.

- **트램 τραμ**

지상 위의 선로를 달리는 트램은 아테네 시내에서 해변쪽으로 이동한다. 꽤 많은 동네를 거쳐 돌아가기 때문에 속도가 빠르지는 않지만 해변을 따라 달리는 구간은 타볼 만하다. 해변 쪽으로 가서 노선이 양쪽으로 갈라지기 때문에 가는 방향을 꼭 확인하고 타야한다. 코로나 시기에 새로 재정비를 거쳐 다시 운행하고 있다.

- **시외버스**

시외버스 KTEΛ이라고 불리는 시외버스는 두 군데 터미널에서 출발한다. 대중교통수단이 없는 것은 아니지만 여러모로 이동이 불편하고 안전을 위해 택시로 이동하는 것을 추천한다.

키피수 터미널(ο σταθμός της λεωφόρου Κηφισού)

　　　　주소: Par. Leoforou Kifisou 40, Athens 104 42

리오시온 터미널(ο σταθμός Λιοσίων)

　　　　주소: Gousiou, Liosion 260, Athens 104 45

2024년부터는 두 개의 터미널이 크텔 엘레오나(KTEΛ Ελαιώνα)로 합쳐져 운행될 예정이다.

● 기차

기차는 아테네의 라리사 역에서 출발한다. 기차는 그리스에서 유럽의 다른 국가만큼 애용하는 수단은 아니지만 최근 고속철도 도입으로 아테네-테살로니키 구간의 이동시간을 줄이고 철도 이용객을 위한 HT 멤버십 할인 서비스등을 도입하였다. 큰 짐을 가지고 이동하는 경우 짐을 가지고 타게되면 잠시 자리를 비울 때 분실될 우려가 있으니, 미리 수하물 수속을 해서 부치는 것이 좋다.

● 배 그리스 섬과 섬을 연결해 주는 페리

그리스 여러 섬으로 가는 페리는 주로 피레아(피레우스)항구에서 출발한다. 모든 섬으로 가는 배가 피레아 항구에서 출발하는 것은 아니다. 아테네 근교에 가까운 섬들은 주로 라브리오 항구를 이용하며, 자킨토스 등 이오니아 해의 섬으로의 이동은 KTEL 버스가 배편까지 연결되며, 배를 이용할 경우 서쪽 항구인 킬리니, 파트라, 이구메니차 등을 이용해야 한다.

01 호리아티키 살라타
χωριάτικη (σαλάτα)

그리스 샐러드(Greek salad, 그릭 샐러드)라고 알려져 있다. 토마토샐러드가 일반적인데 신선한 토마토를 3mm두께로 썰어서 올리브오일, 식초, 소금 등으로 간소하게 드레싱을 해서 먹는다. 토마토의 향과 씹는 맛이 좋은 아삭한 오이, 짭짤한 페타 치즈와 올리브 오일 맛이 조화를 이룬다.

02 무사카스
μουσακάς

그리스의 대표 요리로 다진 쇠고기, 토마토, 가지, 감자, 양파 등에 베사멜소스를 넣고 오븐에 구운 요리이다. 가지를 1cm 정도에 두께로 썰어서 올리브 오일에 볶다가 다른 야채와 소고기를 다져 함께 볶은 후, 토마토 퓌레, 계피가루를 넣고 소금과 후추로 간을 맞춘다. 준비한 고기와 야채 볶음을 오븐팬에 올리고 맨 위에 베사멜 소스를 다시 올린 후 파마산 치즈를 뿌린 후 오븐에 굽는다.

03 칼라마라키아
καλαμαράκια

오징어(칼라마리) 튀김요리인데, 보통 링 형태로 튀겨 내고 레몬즙을 곁들인다.

04 빠이다키아
παϊδάκια

그리스 양고기의 품질은 매우 좋기로 유명하다. 한국에 삼겹살이 있다면 그리스인들은 양갈비 구이를 즐겨 먹는다. 곳곳에 유명한 양갈비 구이집이 있고 한국에 비해 가격도 저렴하다.

05 수블라키
σουβλάκι

무사카와 함께 그리스 대표 요리이다. 꼬챙이에 올리브오일과 오레가노(지중해 대표 향신료)를 버무려서 재워놓은 고기를 겹겹이 포개어 끼워 천천히 돌리며 불에 구우며, 익은 부위를 칼로 잘라 야채, 피타 빵을 곁들여 먹거나 피타 빵에 감자튀김, 양파, 토마토, 소스 등을 넣어 말아서 먹기도 한다.

06 흐타뽀디
χταπόδι

07 예미스타
γεμιστά

08 브리졸라
μπριζόλα

09 페타 사가나키
φέτα σαγανάκι

 12 빠따떼스 띠나기떼스
πατάτες τηγανιτές

 10 파바
φάβα

13 자지키
τσαζίκι

11 케프테데스/케프테다키아
κεφτέδες, κεφτεδάκια

14 돌마다키
ντολμάδες

포도잎이나 양배추에
싸서 찐 요리로 다진
고기나 잘게 썬 야채를 찐밥에 섞는다.

 15 바클라바스
μπακλαβάς

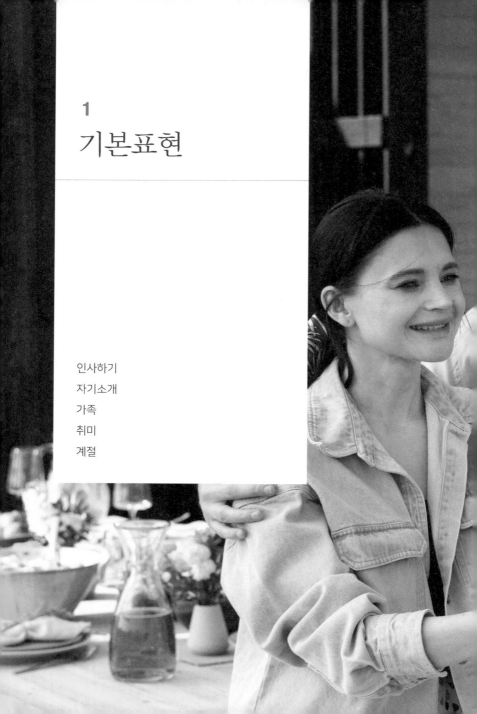

1

기본표현

Σόμιν	안녕. 나는 소민이라고 해. 이름이 뭐야?
	Γεια σου. Με λένε Σόμιν. Πώς σε λένε;
	야 수. 멜레네 소민. 뽀 셀레네?
Γιώργος	나는 요르고스야. 만나서 반가워 소민아.
	Είμαι ο Γιώργος. Χαίρω πολύ, Σόμιν.
	이메 오 요르고스. 헤로 뽈리.
Σόμιν	너는 어느 나라에서 왔어?
	Από πού είσαι;
	아뽀 뿌 이세?
Γιώργος	나는 그리스 사람이야.
	Είμαι Έλληνας.
	이메 엘리나스
Σόμιν	한국에 온 걸 환영해.
	Καλώς ήρθες στην Κορέα.
	깔로스 일세스 스띤 꼬레아.

Μαρία	안녕하세요. 성함이 어떻게 되세요?
	Καλημέρα σας. Πώς λέγεστε;
	깔리메라 사스. 뽀스 레게스떼?
Πέτρος	저는 페트로스입니다. 이름이 뭔가요?
	Εγώ είμαι ο Πέτρος. Πώς σας λένε;
	에고 이메 오 뻬트로스. 뽀 사슬 레네?
Μαρία	제 이름은 마리아입니다.
	Με λένε Μαρία.
	멜 레네 마리아
	만나서 반갑습니다.
	Χαίρω πολύ.
	헤로 뽈리.
Πέτρος	어디에 사세요?
	Πού μένετε;
	뿌 메네떼
Μαρία	저는 팡그라티에 살아요.
	Μένω στο Παγκράτι.
	메노 스또 빵그라띠

καλός/καλή/καλό [깔로스/깔리/깔로] 좋은
(η) μέρα [메라] 날
Πώς σε λένε; [뽀 셀 레네?] (네) 이름이 뭐야?
Πώς σας λένε; [뽀 싸스 레네?]
당신의 이름은 무엇입니까?
Με λένε [멜 레네] 내 이름은 ~입니다.
Είμαι ο/η [이메 오/이] 나는 (이름)이야.
από~ [아뽀] ~로부터, ~에서
πού [뿌] 어디

είσαι [이쎄] 너는 ~이다.
είστε [이스떼] 당신들은~이다.
μένετε [메네떼] 너희들/당신이 ~에 살다
μένω σε~ [메노 쎄] 내가 ~에 살다
ευχαριστώ [에프하리스또] 감사합니다.
Χαίρω πολύ. [헤로 뽈리] 반갑습니다.
Καλώς ήρθες. [깔로스 일쎄스]
환영해. (잘 왔어)

● 그리스인의 인사법

그리스에서는 그리스어로 인사만 잘해도 사람들의 반응이 꽤 좋은 편이다. 자신의 언어로 인사를 건네는 외국인에게 마음을 활짝 열어주는 그리스인에게 반가운 인사를 건네보면 여행의 경험이 한층 깊어짐을 느낄 수 있을 것이다. 그리스어는 단수와 복수표현을 통해 친근함 또는 거리감, 존대를 나타낸다. 안녕(하세요) 표현은 다음과 같이 세 가지로 할 수 있다.

Γεια. [야]
나이와 상관 없이 친한 사이, 격의 없는 사이에 사용

Γεια σου! [야 수]
나이와 상관 없이 친한 사이, 격의 없는 사이에 사용

Γεια σας! [야 사스]
한국어로 "안녕하세요." 또는 "여러분, 안녕하세요."에 해당하는 표현. 공적인 자리나 처음 만났을 때는 이 표현을 쓰는 것이 좋지만, 나이가 비슷한 사람이거나 사적인 상황에서는 꼭 이 표현을 사용하지 않아도 된다.

Γεια (σας)!	안녕(하세요)!, 안녕히 가세요. (언제든 만났을 때나 헤어졌을 때 모두 사용할 수 있는 인사)
Καλημέρα (σας)!	안녕(하세요)! (낮에 만났을 때 하는 인사)
Καλησπέρα (σας)!	안녕(하세요)! (오후에 만났을 때 하는 인사)
Καλό απόγευμα.	좋은 오후 되세요.
Καλό βράδυ.	좋은 저녁/밤 되세요.
Καληνύχτα.	잘자요/안녕히 주무세요.
Καλώς ήρθες.	어서 와/ 환영해.
Καλώς ήρθατε.	어서 오세요./환영합니다.
Χαίρω πολύ.	만나서 반가워(요).
Χάρηκα.	만나서 반가워(요).
Κι εγώ.	저도요.
Τα λέμε.	또 보자.
Γεια.	안녕.(헤어질 때)
Να'σαι καλά.	잘가.
Να'στε καλά.	안녕히 가세요/천만에요.
Τι κάνεις;	어떻게 지내?/오늘 기분이 어때?
Τι κάνετε;	어떻게 지내세요?/오늘 기분이 어때요?
Πολύ καλά.	매우 좋아(요).
Μια χαρά.	아주 좋아(요).
Καλά.	좋아(요).
Έτσι κι έτσι	그저 그래.

어휘 플러스

날	**(η) μέρα** 메라
아침	**(το) πρωί** 쁘로이
낮	**(το) μεσημέρι** 메씨메리
저녁	**(το) βράδυ** 브라디
밤	**(η) νύχτα** 니흐따
새벽	**(η) αυγή** 아브기
이름	**(το) όνομα** 오노마
성	**(το) επώνυμο** 에쁘니모
성명	**(το) ονοματεμώνυμο** 오노마떼쁘니모
국적	**(η) εθνικότητα** 에쓰니꼬띠따

친근한 그리스인

그리스는 상대방과 신체적 거리가 가까운 편이다. 공식적인 자리에서는 악수 등으로 인사를 나누지만, 개인적인 상황에서 친근한 사이끼리 포옹, 볼 키스로 인사를 나누는 일이 흔하다. 친구끼리 손을 잡고 끌어당겨 볼끼리 부딪히며 인사를 나누기도 한다. 화장을 했거나 감기에 걸렸다면 원격 키스를 보내며 인사를 하기도 한다. 그리스 정교회의 높은 성직자에게는 존경의 의미로 손등에 입맞춤을 하기도 한다. 한국 문화에서 포옹이나 볼 키스로 인사를 하는 것이 어색하게 느껴질 수 있지만 익숙해지면 그만큼 그리스인들에게 가까이 다가갈 수 있다.

그리스인은 친절을 잘 베풀고 정이 많아 한국인이 느끼기에 비슷한 요소들이 많다. 길을 물어도 최선을 다해 설명해 주는데 때로는 잘못된 길을 알려주기도 하지만 어쨌거나 적극적으로 도움을 주려 한다. 처음 만나는 사이에도 공통점을 발견하면 즐겁게 대화를 나누기도 하고 비지니스 관계에서도 가족단위로 운영하는 경우가 많아 서로 가족을 소개하는 일도 흔하다. 그리스어로 인사말을 몇 마디 한다면 그리스 사람들은 더 큰 친절을 베풀어 줄 것이다.

Μίνσου   안녕. 네 이름이 뭐야?

Γεια σου. Πώς σε λένε;

야 수. 뽀 셀 레네?

Μαρία   나는 마리아야. 너는?

Με λένε Μαρία. Εσένα;

멜 레네 마리아. 에쎄나?

Μίνσου   나는 민수라고 해. 너는 어느 나라 사람이야?

Με λένε Μίνσου. Από πού είσαι;

멜 레네 민수. 아뽀 뿌 이쎄?

Μαρία   나는 그리스에서 왔어. 넌?

Είμαι από την Ελλάδα. Εσύ;

이메 아뽀 띤 엘라다. 에씨?

Μίνσου	나는 한국사람이야. 너는 무슨 일을 하니?
	Είμαι Κορεάτης. Τι δουλειά κάνεις;
	이메 꼬레아띠스. 띠 둘랴 까니스?
Μαρία	나는 미용사야. 너는 무슨 일을 해?
	Είμαι κομμώτρια. Εσύ τι δουλειά κάνεις;
	이메 꼬모뜨리아. 에씨 띠 둘랴 까니스?
Μίνσου	나는 대학생이야.
	Είμαι φοιτητής.
	이메 피티띠스.

Είμαι 이름/직업 [이메] 나는 ~입니다.

Είμαι από την Κορέα.
[이메 아뽀 띤 꼬레아.] 저는 한국에서 왔어요.

(ο) Κορεάτης(남) [꼬레아띠스] 한국인 (남)

Είμαι από την Ελλάδα.
[이메 아뽀 띤 엘라다.] 저는 그리스에서 왔어요.

(η) κομμώτρια [꼬모뜨리아] 미용사 (여)

(ο) φοιτητής [피띠띠스] 대학생 (남)

생생 여행
Tip

• 그리스에서 사용하는 유레일 패스

유레일 패스하면 기차여행이 먼저 떠오르지만 그리스에서는 페리를 이용한 이동에 유용한 Eurail Greek Islands Pass가 있다. 한 달 안에 4회 또는 6회 이동이 가능한 패스가 있는데, 6일 패스는 두 번의 국제선 이동과 그리스 국내 페리 이동 4회가 포함된다.

4일 패스는 국내 페리 이동만 가능하다. 28세 이상 성인 기준으로 6회 이동권이 200달러인데, 성인요금으로 그리스 국내 페리 왕복(산토리니 기준 가장 싼 배) 요금이 104유로(약 113달러)로 여러 번 이동을 할 경우 유레일 패스가 훨씬 이익이다.

그리스만 여행하는 경우는 기차를 타는 경우가 많지 않고 그리스는 3면이 바다이기 때

문에 기차로 다른 유럽국가를 가는 일이 생각보다 실용적이지 않다. 하지만 그리스를 포함한 유럽여행을 계획 중인 경우 유용하게 사용할 수 있는 패스이다. 최근 그리스 국내 페리요금이 인상되고 있기 때문에 경제적인 여행을 위해 여러 정보를 찾아보는 것이 좋다.

Από πού είστε;	어디서 오셨나요? (어느 나라 사람이에요?)
Από πού είσαι;	어디서 왔어(요)? (어느 나라 사람이야?)
Είμαι από την Κορέα.	저는 한국에서 왔어요.
Είμαι Κορεάτης.	저는 한국사람이에요. (남)
Είμαι Κορεάτισσα.	저는 한국사람이에요. (여)
Είμαι Έλληνας.	저는 그리스 사람이에요. (남)
Είμαι Ελληνίδα.	저는 그리스 사람이에요. (여)
Τι δουλειά κάνετε;	어떤 일을 하시나요?
Τι δουλειά κάνεις;	너는 무슨 일을 해?
Με τι ασχολείστε;	어떤 일에 종사하시나요?
Πού δουλεύεις;	너는 어디서 일해?
Πού σπουδάζεις;	너는 어디서 공부해?
Είμαι φοιτητής.	나는 대학생이야. (남)
Είμαι φοιτήτρια.	나는 대학생이야. (여)
Δουλεύω σε μια εταιρεία.	나는 회사에서 일하고 있어.
Σπουδάζω στην Αθήνα.	나는 아테네에서 공부하고 있어.
Σπουδάζω στη Σεούλ.	나는 서울에서 공부하고 있어.

어휘 플러스

대학생(남)	**(ο) φοιτητής** 피띠띠스
대학생(여)	**(η) φοιτήτρια** 피띠뜨리아
회사원	**(ο/η) υπάλληος σε εταιρεία** 이빨릴로스 쎄 에떼리아
기자, 저널리스트	**(ο/η) δημοσιογράφος** 디모시오그라포스
작가	**(ο/η) συγγραφέας** 싱그라페아
공무원	**(ο/η) δημόσιος υπάλληλος** 디모시오스 이빨릴로스
선생님, 교사 (남)	**(ο) δάσκαλος** 다스깔로스
선생님, 교사 (여)	**(η) δασκάλα** 다스깔라
교수 (남)	**(ο) καθηγητής** 까띠기띠스
교수 (여)	**(η) καθηγήτρια** 까띠기뜨리아

* 그리스어는 명사에 남성, 여성, 중성 구분이 있기 때문에 직업명도 남녀를 구분하는 것이 많다. 본인이 남성인지 여성인지에 따라 해당 형태의 단어를 써야 한다. 정관사 (ο/η)라고 표시된 직업명은 남녀를 구분하지 않고 정관사만 남성, 여성으로 바꾸어 쓰고, 나머지는 직업 명 자체에 남성형과 여성형이 있다.

표현편Ⅲ

존대의 표현

한국어와 완전히 같은 반말과 존댓말의 개념은 아니지만 그리스어에도 존대의 표현이 있다. 일반적으로 상대방을 향해 2인칭 단수(εσύ, σου, 현재형 A동사 2인칭 단수어미-εις) 표현을 사용하여 '너, 당신'을 의미한다. 존대를 할 때는 2인칭 복수어미(εσείς, σας, 현재형 A동사 2인칭 복수 어미 -ετε)를 사용한다. 이 표현은 공식적인 자리에서 주로 사용한다. 한국어처럼 나이의 위아래 관계에 따라 반말, 존댓말을 나눈다고 보기 보다는 서로 얼마나 친한가에 따라서 2인칭 단수를 쓸 것인지, 2인칭 복수를 쓸 것인지 결정한다고 보면 된다. 비슷한 나이처럼 보이는 대상이나 나보다 어리다고 생각되는 사람에게는 자연스럽게 일반적인 2인칭 단수 표현을 사용한다. 한국처럼 한 두살 차이나는 선배라고 해서 2인칭 복수 표현을 쓰지 않는다. 다음 번역과 같은 차이 정도로 생각하면 된다.

Τι κάνεις; 어떻게 지내(요)? / 오늘 기분이 어때(요)?

Τι κάνετε; 어떻게 지내시나요? /오늘 기분이 어떠세요?

Γεια σου. 안녕 / 안녕하세요

Γεια σας. 안녕하세요 / 여러분 안녕하세요

Διονύσιος	너희 가족은 몇 명이야?
	Πόσα άτομα είναι η οικογένειά σου;
	뽀사 아또마 이네 이 이꼬게니아 수?
Ασημίνα	5명이야.
	Είναι πέντε.
	이네 뻰데.
	할머니, 아버지, 어머니, 남동생이랑 나.
	Η γιαγιά μου, ο πατέρας μου, η μητέρα μου, ο αδελφός μου και εγώ.
	이 야야 무, 오 빠떼라즈 무, 이 미떼라 무, 오 아델포즈 무 께 에고.
Διονύσιος	너희 부모님은 무슨 일을 하셔?
	Τι δουλειά κάνουν οι γονείς σου;
	띠 둘랴 까눈 이 고니 쑤?
Ασημίνα	아버지는 교수이고 어머니는 사무원이야.
	Ο πατέρας μου είναι καθηγητής και η μητέρα μου είναι γραμματέας.
	오 빠떼라즈 무 이네 까띠기띠스 께 이 미떼라 무 이네 그라마떼아스
Διονύσιος	남동생은 몇 살이야?
	Πόσων χρονών είναι ο αδελφός σου;
	뽀소 흐로논 이네 오 아델포스 수?

Ασημίνα	18살이야. 올해 고등학교를 졸업해.
	Είναι 18 χρονών. Τελειώνει το λύκειο φέτος.
	이네 데까옥또 흐로논. 뗄리오니 또 리끼오 페토스.
Διονύσιος	나도 여동생이 하나 있는데 고등학교를 졸업해.
	Έχω κι εγώ μία αδελφή που τελειώνει το λύκειο.
	에호 끼 에고 미아 아델피 뿌 뗄리오니 또 리끼오
Ασημίνα	신기한 우연이다!
	Τι σύμπτωση!
	띠 씸또시

πόσος/πόση/πόσο [뽀쏘스/뽀씨/뽀쏘]
얼마나, 몇 개나

(η) οικογένεια [이꼬게니아] 가족

(η) γιαγιά [야야] 할머니

(ο) πατέρας [빠떼라스] 아버지

(η) μητέρα [미떼라] 어머니

(ο) αδελφός [아델포스] 남자형제

(η) αδελφή [아델피] 여자형제

(το) λύκειο [리끼오] 고등학교

τελειώνει [뗄리오니] 그 사람이 ~을 끝내다:
τελειώνω (끝내다) 동사의 3인칭 단수 현재형

(η) σύμπτωση [심쁘또시] 우연

• 대중교통

아테네 시내는 주차비가 비싼 편(한 시간에 7유로정도)이고 무료 주차 자리를 찾기 쉽지 않기 때문에 시내에 나갈 때는 대중교통을 이용하는 편이 경제적이다.

시내에서도 걷는 것이 더 빠른 경우가 많아 여행할 때 많이 걸을 마음의 준비를 하는 것이 좋다. 유적지가 언덕에 위치한 곳이 많고 지역별로 성이나 요새는 걸어서 올라가야 하기 때문에 너무 더운 여름에는 낮 시간을 피해 방문일정을 짜는 것이 좋다.

섬에서는 숙소 바로 앞에 주차를 할 수 있는 경우가 많지 않고 거의 마을 앞 무료 주차장에 주차 후 걸어서 이동해야 함을 잊지 말자. 섬에서 대중교통은 대부분 버스를 이용하게 된다. 규모가 크고 관광객이 많은 섬은 다양한 노선을 운영한다. 하지만 육지만큼 자주 버스가 다니는 것이 아니기 때문에 성수기에는 만차인 경우가 빈번하다. 섬은 택시 수도 제한적이기 때문에 택시나 이동수단을 미리 예약하지 않으면 현장에서 택시를 잡기 매우 어렵다.

Πόσα άτομα είναι στην οικογένειά σου;	너희 가족은 몇 명이야?
Είναι τέσσερα. Ο πατέρας μου, η μητέρα μου, η αδελφή μου κι εγώ.	4명이야. 아버지, 어머니, 언니 그리고 나.
Πόσων χρονών είσαι;	몇 살이에요?
Πόσων χρονών είστε;	당신은 나이가 어떻게 되세요?
Είμαι είκοσι τριών χρονών.	저는 23살이에요
Είναι σαράντα χρονών.	그 사람은 마흔 살이에요.
Κλίνει τριάντα φέτος.	그 사람은 올해 30살이 돼요.
Πότε γεννήθηκες;	너는 언제 태어났어?
Γεννήθηκα το 1990.	저는 1990년에 태어났어요.
Γεννήθηκα τον Μάιο.	저는 5월생이에요
Πότε έχεις γενέθλια;	생일이 언제입니까?
Τα γενέθλιά μου είναι στην πρώτη Ιανουαρίου.	제 생일은 1월 1일이에요
Πότε γιοτάζεις;	축일(네임데이)이 언제예요?
Είσαι παντρεμένος/παντρεμένη;	결혼 하셨나요(남/여)?
Είμαι παντρεμένος.	저는 결혼 했어요.(남)
Είμαι παντρεμένη.	저는 결혼 했어요.(여)
Είμαι ελεύθερος.	저는 미혼이에요.(남)
Είμαι ελεύθερη.	저는 미혼이에요.(여)
Είμαι χωρισμένος.	저는 이혼했어요. (남)
Είμαι χωρισμένη.	저는 이혼했어요. (여)

한국인	(ο) Κορεάτης /(η) Κορεάτισσα 꼬레아띠스/꼬라아띠사
일본인	(ο) Ιάπωνας /(η) Ιαπωνέζα 이야뽀나스/이야뽀네자
중국인	(ο) Κινέζος/(η) Κινέζα 끼네조스/끼네자
미국인	(ο) Αμερικάνος/(η) Αμερικανίδα 아메리카노스/아메리카니다
영국인	(ο) Βρέτανος/(η) Βρετανίδα 브레따노스/브레따니다
인도인	(ο) Ινδός /(η) Ινδή 인도스/인디
프랑스인	(ο) Γάλλος/(η) Γαλλίδα 갈로스/갈리다
독일인	(ο) Γερμανός /(η) Γερμανίδα 게르마노스/게르마니다
학생	(ο) μαθητής/(η) μαθήτρια 마띠띠스/마띠뜨리아
선생님	(ο) δάσκαλος /(η) δασκάλα 다스깔로스/다스깔라
의사	(ο/η) γιατρός 야뜨로스
교수, 선생님	(ο) καθηγητής/(η) καθηγήτρια 까띠기띠스/까띠기뜨리아
건축가	(ο/η) αρχιτέκτονας 알히텍또나스
주부	(ο) νοικοκύρης/ (η) νοικοκυρά 니꼬끼리스/니꼬끼라
기자	(ο/η) δημισιογράφος 디모시오그라포스
군인	(ο) στρατιώτης/(η) στρατιώτισσα 스뜨라띠오띠스/스뜨라띠오띠사
변호사	(ο/η) δικηγόρος 디끼고로스
직원(회사 등)	(ο/η) υπάλληλος 이빨릴로스

그리스의 가족문화

그리스는 유럽 국가 안에서도 매우 가족 중심적인 문화를 가지고 있다. 젊은 이들은 일찍 독립을 하기보다는 부모와 오랜 시간 함께 거주하고 조부모와 친척들 사이도 매우 좋은 편이다. 결혼을 하더라도 가까운 곳에 살며 자주 만나 생활하는 경우가 많다. 한국보다도 가족들이 모이는 횟수가 많다고 해도 과언이 아니다.

그리스의 공휴일, 크리스마스나 부활절에는 항상 가족이 모두 모여 함께 시간을 보낸다. 통계에 따르면 그리스인은 청소년기에 부모와 자신의 문제에 대해 이야기하고 가까운 관계로 지내는 비율이 70% 이상으로 다른 국가보다 높은 편이다. 74%의 그리스 청소년들은 하루에 한 끼 이상은 가족과 함께 먹고 일반적 관심사에 대해 대화한다고 한다. 가족간 유대관계가 깊은 만큼 때로는 부모가 자녀에게 필요이상으로 신경을 쓰는 모습도 볼 수 있다. 가족이 떨어져 지낸다는 것, 특히 해외 유학이나 취직 등으로 부모와 자녀가 떨어져 지내야 하는 경우 굉장히 어려워하는 경향을 보이기도 한다.

취미 χόμπι

Ηλίας

너는 여가시간에 뭐 해?

Τι κάνεις στον ελεύθερό σου χρόνο;

띠 까니스 스똔 엘레프테로 수 흐로노?

Κατερίνα

나는 (주로) 책을 읽어.

Διαβάζω βιβλία.

디아바조 비블리아.

너는?

Εσύ;

에씨?

Ηλίας

난 시간이 있을 때 그림을 그려.

Εγώ, όταν έχω ελεύθερο χρόνο, μου αρέσει να ζωγραφίζω.

에고 오딴 에호 엘레프테로 흐로노 무 아레씨 나 조그라피조.

Κατερίνα

정말?

αλήθεια;

알리티아?

Ηλίας

물론이지. 나는 (그림 그리는 걸) 정말 좋아해.

Ναι, αμέ. Μου αρέσει πολύ.

네 아메. 무 아레씨 뽈리.

그림을 그릴 때면 나는 평온함을 느껴.

Νιώθω ηρεμία όταν ζωγραφίζω.

뇨쏘 이레미아 오딴 조그라피조.

Κατερίνα

정말 멋지다!

Τι ωραία!

띠 오레아!

(ο) ελεύθερος χρόνος
[엘레프떼로스 흐로노스] 여가시간, 자유시간

μου [무] 나의

σου [수] 너의

διαβάζω [디아바조] 책을 읽다, 공부하다

(το) βιβλίο [비블리오] 책

αλήθεια; [알리티아?] 정말?

αμέ! [아메!] 물론이지!(구어체)

νιώθω [니오쏘] 느끼다

(η) ηρεμία [이레미아] 평온함

όταν [오딴] ~할 때

ζωγραφίζω [조그라피조] 그림을 그리다

●그리스의 몸짓언어

그리스인들이 대화하는 모습을 살펴보면 얼굴 표정이나 몸짓언어가 매우 풍부하다는 것을 알 수 있다. 많은 경우 말을 하지 않고 몸짓 언어만으로 간단한 표현이 가능하다(계산할게요, 담배 피우러 가자, 그 동안 어떻게 지낸 거야, 아니, 저주 등). 글로 설명하기는 어렵지만 그리스인의 몸짓언어는 상황을 파악하고 소통하는 것에 꽤나 중요한 부분이다.

저주의 몸짓언어에 대해 손바닥을 펴서 상대방을 향해 보이면 안 된다는 설명을 하는데, 단순하게 손바닥을 보이는 것 자체는 문제가 되지 않는다. 실제로 이 몸짓언어는 손바닥을 상대방에게 무언가를 던지듯 펼쳐 보이고 때론 두 손을 겹쳐 상대방 쪽으로 무언가를 보내는 듯 손바닥을 보이는 것으로 매우 격앙된 몸짓이다. 여행을 하면서 그리스인들이 대화하는 모습을 살펴보면 몸짓언어가 꽤 다양하다는 것을 알게 될 것이다.

네이버 지식백과(terms.naver.com)
세계 언어백과 그리스어편 참고 그리스어의 몸짓언어

Τι είναι το χόμπι σου;	너의 취미는 뭐야?
Τι κάνεις όταν έχεις ελεύθερο χρόνο;	너는 여가시간에 주로 뭘 해?
Τι σου αρέσει να κάνεις όταν έχεις χρόνο;	너는 시간이 있을 때 뭐 하는 것을 좋아해?
Μου αρέσει να ακούω μουσική.	나는 음악듣는 것을 좋아해.
Μου αρέσει να παίζω μπάλα.	나는 축구하는 것을 좋아해.
Μου αρέσει να βλέπω ταινίες.	나는 영화보는 것을 좋아해.
Παίζεις κάποιο όργανο;	너는 악기를 다루니?
Παίζω πιάνο.	나는 피아노를 쳐.
Τι είδος μουσική σου αρέσει;	너는 어떤 장르의 음악을 좋아해?

취미	(το) χόμπι 홈비
콘서트에 가다	πηγαίνω σε συναυλία 삐게노 쎄 시나블리아
박물관에 가다	πηγαίνω σε μουσείο 삐게노 쎄 무시오
영화관에 가다	πηγαίνω σινεμά 삐게노 씨네마
극장에 가다	πηγαίνω θέατρο 삐게노 떼아트로
축구를 하다	παίζω ποδόσφαιρο, παίζω μπάλα 삐조 뽀도스페로, 삐조 발라
농구를 하다	παίζω μπάσκετ 삐조 바스켓
음악을 듣다	ακούω μουσική 아꾸오 무시끼
춤추다	χορεύω 호레보
노래 부르다	τραγουδάω 뜨라구다오
텔레비전을 보다	βλέπω τηλεόραση 블레뽀 띨레오라씨
영화를 보다	βλέπω ταινία 블레뽀 떼니아
사진을 찍다	βγάζω φωτογραφία 브가조 포토그라피아
바이올린을 켜다	παίζω βιολί 삐조 비올리
책을 읽다	διαβάζω βιβλίο 디아바조 비블리오
산책하다	κάνω βόλτα 까노 볼따
커피를 마시다	πίνω καφέ 삐노 까페
팝송	(η) ποπ μουσική 폽 무시끼
락	(η) ροκ μουσική 록 무시끼
재즈	(η) τζαζ μουσική 자즈 무시끼
클래식	(η) κλασική μουσική 클라시끼 무시끼

그리스인의 대화법

그리스인은 대화 나누는 것을 즐기며 가족, 친구와 함께 삶을 나누고 힘을 얻는 시간을 소중하게 생각한다. 그렇다 보니 그리스의 카페문화는 대화로 채워진다. 최근에는 카페에서 공부나 업무를 하는 사람이 늘긴 했지만, 보통 누군가와 함께 카페에 온 사람들은 커피 한 잔을 두고 오랜 시간 대화를 나눈다. 술을 마실 때도 마찬가지다. 대화에 술이 따라가는 것이지 술에 집중하는 문화가 아니다.

그리스인들과 대화를 나누다 보면 자신의 생각을 분명히 하고 의견을 말할 줄 아는 것이 매우 중요하다. 근황을 나누기도 하지만 사회의 문제나 현상에 대한 열띤 토론도 자주 하게 되기 때문이다. 자신이 원하는 것을 명확하게 말하고 드러내는 문화는 한국인에게는 조금 어렵게 느껴지기도 한다. 하지만 아무 말도 하지 않으면 아무도 알아주지 않는다는 것을 기억하자. 내 필요와 생각을 말하는 것은 잘못이 아니다.

Μίνα

네가 가장 좋아하는 계절은 뭐야?

Ποια είναι η αγαπημένη σου εποχή;

퍄 이네 이 아가삐메니 수 에뽀히?

Λάζαρος

나는 여름을 제일 좋아해. 넌?

Μου αρέσει περισσότερο το καλοκαίρι. Εσένα;

무 아레씨 뻬리소떼로 또 깔로께리. 에쎄나?

Μίνα

한국 여름은 너무 습하고 덥기 때문에.

Επειδή στην Κορέα το καλοκαίρι έχει πολλή υγρασία και ζέστη,

에삐디 스띤 꼬레아 또 깔로께리 에히 뽈리 이그라시아 께 제스띠,

나는 겨울을 더 좋아해.

Μου αρέσει περισσότερο ο χειμώνας.

무 아레씨 뻬리소떼로 오 히모나스

그리스의 여름은 어때?

Πώς είναι το καλοκαίρι στην Ελλάδα;

뽀스 이네 또 깔로께리 스띤 엘라다?

Λάζαρος

아주 덥지만 습도가 높지 않아.

Έχει πολλή ζέστη αλλά όχι πολλή υγρασία.

에히 뽈리 제스띠 알라 오히 뽈리 이그라시아

그늘에 있으면 시원해.

Όταν βρίσκεσαι στη σκιά, έχει δροσιά.

오딴 브리스케쎄 스띠 스키아 에히 드로시아

그리고 바다에서 수영도 할 수 있어.

Επίσης, μπορείς να κάνεις μπάνιο στη θάλασσα.

에삐시스 보리스 나 까니스 바뇨 스띠 딸라싸.

Μίνα	너는 수영하는걸 좋아해?

Σου αρέσει να κολυμπάς;

쑤 아레씨 나 꼴림바스?

Λάζαρος	물론이지. 그리스인들은 바다와 해수욕을 사랑해.

Βέβαια! Οι Έλληνες αγαπάνε τη θάλασσα και το μπάνιο.

베베아! 이 엘리네스 아가빠네 띠 딸라싸 께 또 바뇨

한국의 봄과 가을은 어때?

Πώς είναι η άνοιξη και το φθινόπωρο στην Κορέα;

뽀스 이네 이 아닉시 께 또 프티노뽀로 스띤 꼬레아?

Μίνα	아주 아름다운 계절이야. 너무 덥지도 춥지도 않아.

Είναι πολύ ωραία. Δεν κάνει ούτε ζέστη ούτε κρύο.

이네 뽈리 오레아. 덴 까니 우떼 제스띠 우떼 끄리오.

τι [띠] 무엇

είναι [이메] (그것은, 그는)~이다: **είμαι** (~이다) 동사의 3인칭 단수 현재형

αγαπημένος/η/ο [아가삐메노스/아가삐메니/아가삐메노] 좋아하는

(η) εποχή [에뽀히] 계절

Μου αρέσει 주격 [무 아레씨] ~를 좋아하다

περισσότερο [뻬리소떼로] 더 많이

εσύ [에씨] 너

(η) υγρασία [이그라씨아] 습기

(η) ζέστη [제스띠] 더위

πολύς/πολλή/πολύ [뽈리스/뽈리/뽈리] 매우

γι'αυτό [야프또] 그래서

πώς [뽀스] 어떻게

Σου αρέσει να 동사(접속법) [수 아레씨 나] 너는 ~ 하는 것을 좋아해?

(η) δροσιά [드로시아] 시원함

(η) σκιά [스끼아] 그늘

βρίσκεσαι [브리스께쎄] (너는) ~에 있다: **βρίσκομαι** (~에 있다) 동사의 2인칭 단수 현재시제

Μπορείς να 동사(접속법) [보리스 나] 너는 ~할 수 있다

(το) μπάνιο [바뇨] 목욕, 해수욕

κάνω μπάνιο [까노 바뇨] 목욕하다, 해수욕하다

(η) θάλασσα [쌀라사] 바다

κολυμπάω [꼴림바오] 나는 수영을 한다

βέβαια [베베아] 당연히, 물론

αγαπάνε [아가빠네] 그들이 사랑한다: **αγαπάω** (사랑하다) 동사의 3인칭 복수 현재시제

ωραίος/ωραία/ωραίο [오레오스/오레아/오레오] 좋은, 아름다운

ούτε~ ούτε ~ [우떼~우떼~] ~도 아니고 ~도 아니다

● 날씨

1년 중 여름을 느낄 수 있는 기간이 매우 긴 그리스의 날씨는 여행하기 좋은 날씨를 자랑한다. 하지만 한국의 여름 날씨와는 다르기 때문에 여행 시에 옷을 챙길 때 유의해야 한다. 그리스의 여름은 뜨겁고 건조하지만 해가 진 후에는 꽤 선선하다. 특히 섬은 바람이 많이 불기 때문에 해가 진 이후에는 생각보다 많이 추울 수 있으니 쉽게 입었다 벗었다 할 수 있는 옷(가디건이나 후드 티, 숄 등)을 반드시 챙겨야 한다.

선글라스와 모자 등 강한 햇빛을 차단할 수 있는 물건 역시 필수이다. 물을 자주 마셔 탈수를 예방하는 것도 중요하다. 겨울 기온은 온화한 편이고 우기에 속한다. 비가 갑자기 많이 내리면 큰 길이라도 물이 고여 넘치는 경우가 있어 도보가 어려울 때도 있다.

겨울 아테네에는 눈이 거의 오지 않지만 최근 몇 년 사이 폭설이 내리는 일이 해마다 있다. 눈 경험이 많지 않은 아테네에 폭설이 오면 그날은 휴교령이 내려지고 교통도 마비되니 여행시 유의하도록 한다. 정교회 부활절 전까지는 봄이어도 날씨가 꽤나 오락가락하는 편이라 갑작스런 날씨 변화도 큰 편이다.

Ποιος είναι ο αγαπημένος σου τραγουδιστής;	가장 좋아하는 남자가수는 누구입니까?
Ποιο είναι το αγαπημένο σου χρώμα;	가장 좋아하는 색은 무엇입니까?
Η αγαπημένη μου χώρα είναι η Ελλάδα.	제가 가장 좋아하는 나라는 그리스입니다.
Ο αγαπημένος μου τραγουδιστής είναι ( ).	제가 가장 좋아하는 남자 가수는 ( )입니다.
Το αγαπημένο μου χρώμα είναι το κόκκινο.	제가 가장 좋아하는 색은 빨강입니다.
Ποιες πόλεις υπάρχουν στην Ελλάδα;	그리스에는 어떤 도시들이 있나요?
Ποια είναι καλοκαιρινά φρούτα της Ελλάδας;	그리스의 여름 과일은 무엇인가요?
Είναι το καρπούζι, ροδάκινο, κεράσι και πεπόνι.	수박, 복숭아, 체리, 멜론이에요.
Την άνοιξη ανθίζουν παντού όμορφα λουλούδια.	봄에는 아름다운 꽃이 핍니다.
Το φθινόπωρο μπορείς να δεις πολλά χρωματισμένα φύλλα.	가을에 당신은 많은 단풍잎을 볼 수 있어요.

봄	(η) άνοιξη 아닉시
여름	(το) καλοκαίρι 깔로께리
가을	(το) φθινόπωρο 프티노뽀로
겨울	(ο) χειμώνας 히모나스
과일	(τα) φρούτα 프루따
수박	(το) καρπούζι 까르뿌지
복숭아	(το) ροδάκινο 로다끼노
오렌지	(το) πορτοκάλι 뽀르또깔리
체리	(το) κεράσι 께라씨
살구	(το) βερίκοκο 베리코코
석류	(το) ρόδι 로디
바나나	(η) μπανάνα 바나나
딸기	(η) φράουλα 프라울라
멜론	(το) πεπόνι 뻬뽀니
꽃	(το) λουλούδι 룰루디
녹색의	πράσινος/πράσινη/πράσινο 쁘라시노스/쁘라시니/쁘라시노
다양한	διάφορος/διάφορη/διάφορο 디아포로스/디아포리/디아포로
나무	(το) δέντρο 덴드로
단풍	(τα) χρωματισμένα φύλλα 흐로마띠즈메나 필라

그리스의 사계절

그리스에도 4계절을 지칭하는 단어가 있고 4계절이 존재하지만, 봄과 가을은 한국만큼 뚜렷한 느낌이 아니고 날씨 변화가 잦은 편이다. 여름은 고온 건조하고 겨울은 우기로 비가 자주 온다. 여름 한 낮에도 그늘은 시원한 편이라 테라스에 앉아 식사를 하거나 커피를 마실 수 있다. 여름이면 에어컨이 가동되는 실내를 선호하는 한국과 달리 그리스에서는 여름에도 그늘이 있는 테라스 자리의 인기가 높다. 여름 습도는 예전 그리스 날씨에 비해 많이 올라간 25% 정도지만 한국인 기준으로는 충분히 건조하게 느껴진다. 여름에도 해가 지고 나면 얇은 겉옷이 필요할 정도로 선선해서 산책하기에 좋은 온도가 된다. 여름엔 비가 거의 오지 않지만 최근 기후변화로 인해 갑자기 폭우가 내릴 때도 있다. 1년 중 여름이 가장 긴 계절로 느껴지고 10월까지도 바다에서 수영을 할 수 있다. 겨울 온도는 아테네 기준 8도 정도이지만 습도가 높기 때문에 몸속까지 파고 드는 으슬으슬한 추위가 느껴진다. 평년보다 따뜻한 겨울이거나 오히려 더 추운 해도 있으니 여행 가는 해의 날씨 운도 중요하다.

2

공항/기내

Gate 4

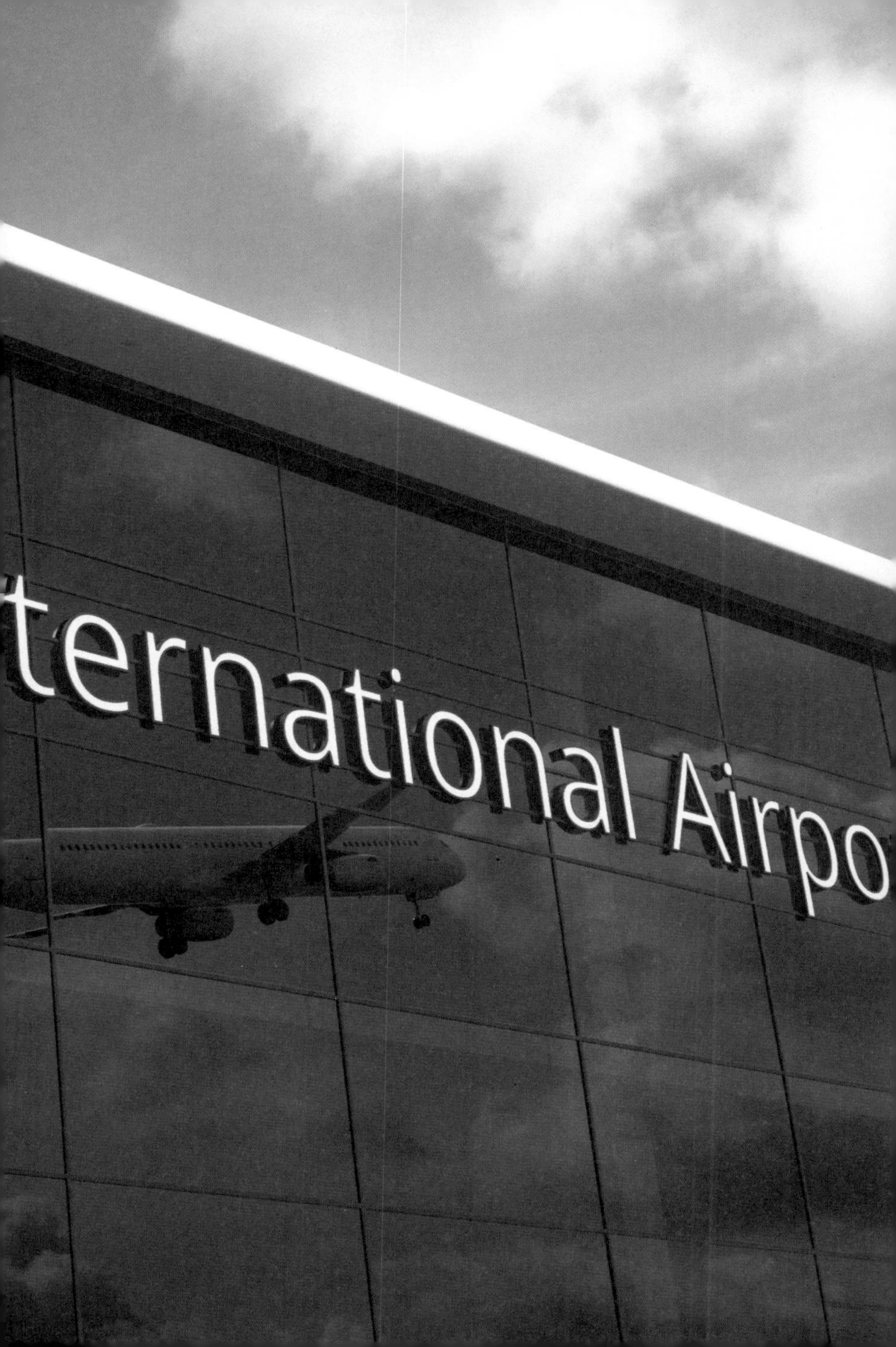
ternational Airpo

Αεροσυνοδός	안녕하세요. 어디로 여행하시나요?
	Καλημέρα σας. Πού θα ταξιδέψετε;
	깔리메라 사스. 뿌 따 딱시뎁세떼?
Επιβάτισσα	한국이요. 서울(로 가요).
	Στην Κορέα, Σεούλ.
	스띤 꼬레아, 쎄울.
Αεροσυνοδός	여권을 보여주세요.
	Δώστε μου το διαβατήριό σας, παρακαλώ.
	도스떼 무 또 디아바띠리오 사스, 빠라갈로.
Επιβάτισσα	여기 있습니다.
	Ορίστε.
	오리스떼
Αεροσυνοδός	수하물을 저울에 올려 주세요.
	Βάλτε τη βαλίτσα σας στη ζυγαριά.
	발떼 띤 발리짜 사스 스띠 지가리아
	다른 수하물은 없으세요?
	Δεν έχετε άλλη βαλίτσα;
	덴 에헤떼 알리 발리짜?
Επιβάτισσα	노트북 가방이 하나 있어요.
	Έχω μία τσάντα για λάπτοπ.
	에호 미아 찬다 야 랍톱
Αεροσυνοδός	알겠습니다. 수하물은 서울에 도착해서 찾으세요.
	Εντάξει. Θα παραλάβετε τη βαλίτσα σας στο αεροδρόμιο της Σεούλ.
	엔닥시. 따 빠랄라베떼 띠 발리짜 사스 스또 아에로드로미오 띠스 세울

여기 티켓이 있습니다.

Ορίστε τα εισιτήριά σας.

오리스떼 따 이시띠리아 사스.

항공편은 35번 게이트에서 출발합니다.

Η πτήση σας αναχωρεί από την πύλη νούμερο 35.

이 쁘띠시 사스 아나호리 아뽀 띤 삘리 누메로 뜨리안다뻰데

탑승은 두시 삼십분에 시작됩니다.

Η επιβίβαση αρχίζει στις 2:30.

이 에삐비바씨 아르히지 스띠스 디오 께 미씨

Επιβάτισσα   정말 감사합니다.

Ευχαριστώ πολύ.

에프하리스또 뽈리

Αεροσυνοδός   즐거운 여행 되세요!

Καλό σας ταξίδι!

깔로 사스 딱시디

θα ταξιδέψετε; [따 딱시뎁세떼?] 당신은 여행을 하실건가요?: ταξιδεύω(여행하다) 의 2인칭 복수 단순미래시제
(το) διαβατήριο [디아바띠리오] 여권
Ορίστε [오리스떼] 여기 있습니다.
Βάλτε. [발떼] 놓으세요: βάζω(놓다)의 명령형 2인칭 복수
(η) βαλίτσα [발릿짜] 캐리어, 수하물
(η) ζυγαριά [지가리아] 저울
Θα παραλάβετε [따 빠랄라베떼] 당신은 찾을 것이다: παραλαμβάνω(찾다, 받다)의 2인칭 복수 단순미래 시제

(η) τσάντα [찬다] 가방
(το) εισιτήριο [이시띠리오] 티켓, 표
αναχωρεί [아나호리] 출발하다: αναχωρώ (출발하다)의 3인칭 단수 현재시제
(η) πύλη [삘리] 게이트
(η) επιβίβαση [에삐비바시] 탑승
αρχίζει [아르히지] 시작되다: αρχίζω(시작하다)의 3인칭 단수 현재시제
Καλό (σας) ταξίδι! [깔로 (싸스) 딱시디!] 즐거운 여행 되세요!

생생 여행
Tip

● 그리스 국내 항공사 & 웹체크인

그리스의 국내 항공사는 에지언(Aegean airlines)과 올림픽(Olympic Air)이 대표적이다. 에지언 에어라인이 2013년 10월에 올림픽 에어를 인수합병하여 하나의 회사로 운영하고 있다.

그리스 항공사답게 회사명도 에게해를 뜻하는 영어 단어인 '에지언'과 그리스에서 시작된 '올림픽'을 사용한다. 주로 국내선과 유럽 내 노선을 운항하는데 107개의 국제선과 그리스 국내선 31개 항로를 운항하고 있다.

Star Alliance에 속하여 공동운항편도 운영한다. 그리스에서 국내 이동을 하거나 주변 유럽 국가들로 갈 때 미리 인터넷으로 예약하면 특가로 표를 구할 수 있다. 일반적으로 웹체크인으로 미리 좌석을 지정할 수 있기 때문에 출발 전 체크인이 열리는 시간에 미리 좌석을 지정하고 수하물 등에 대한 규정을 다시 확인한다. 공항에서는 웹체크인을 완료한 사람들 수속을 해주는 창구가 따로 있고, 그 곳에서 다시 여권을 확인한 후 수하물을 부친다.

Πού ταξιδεύετε;	어디로 여행하시나요?
Ποιος είναι ο προορισμός σας;	목적지가 어디인가요?
Δώστε μου το διαβατήριό σας.	여권을 주세요.
Παρακαλώ, δώστε μου τα εισιτήριά σας.	티켓을 주세요.
Έχετε αποσκευές;	수하물이 있으신가요?
Πόσες αποσκευές έχετε;	몇 개의 수하물이 있으신가요?
Ορίστε, τα εισιτήριά σας.	여기 티켓이 있습니다.

어휘
플러스

항공사	(η) αεροπορική εταιρεία 아에로뽀리끼 에떼리아
직항	(η) απευθεία πτήση 아뻬프띠아 쁘띠시
국제선	(η) πτήση εξωτερικού 쁘띠씨 엑소떼리꾸
국내선	(η) πτήση εσωτερικού 쁘떼시 에쏘떼리꾸
도착	(η) άφιξη 아픽시
출발	(η) αναχώρηση 아나호리시
비행	(η) πτήση 쁘띠시
게이트	(η) πύλη 삘리
탑승권	(το) εισιτήριο 이씨띠리오
편명	(ο) αρισθμός πτήσης 아리스모스 쁘띠시스
좌석	(το) κάθισμα 까띠즈마
왕복	με επιστροφή 메 에삐스뜨로피
편도	(η) απλή διαδρομή 아쁠리 디아드로미
탑승객(남)	(ο) επιβάτης 에삐바띠스
체크인	τσεκ ιν (check-in) 첵 인
수하물	(η) αποσκευή 아뽀스께비
기내 수하물	(η) χειραποσκευή 히라뽀스께비
보안 검색	(ο) έλεγχος ασφάλειας 엘렝호스 아스팔리아스
여권 컨트롤	(ο) έλεγχος διαβατηρίων 엘렝호스 디아바띠리온
무게	(το) βάρος 바로스

그리스의 도시

그리스에서 가장 대표적인 두 도시는 수도 아테네와 테살로니키이다. 아테네와 테살로니키는 서울과 부산으로 많이 비교하기도 한다.

성경에도 '아덴'과 '데살로니가'로 등장하는 이 두 도시는 그리스를 대표하는 도시이다. 아테나 여신의 이름을 딴 도시 아테네는 전 세계에서도 오랜 역사를 가진 도시 중 하나인데, 기원전 3800년부터 사람들이 거주한 역사를 가지고 있다. 1834년부터 그리스의 수도로 지정 되었고 약 320만 명의 인구가 아테네에 거주하고 있다.

테살로니키는 그리스 북부의 해변에 위치한 도시로 국제 영화제 등 각종 문화행사가 많이 열리는 곳이다. 다양한 비잔틴 유적지를 볼 수 있으며, 시내에서 바다가 가까워 해변 산책로를 따라 바다를 구경할 수 있다. 아테네에서 기차나 시외버스, 국내선 항공기로 쉽게 갈 수 있다.

Υπάλληλος	수하물을 여기에 놓아주세요.

Τοποθετείστε την αποσκευή σας εδώ.

또뽀테띠스떼 띤 아뽀스케비 사스 에도.

전자제품을 바구니에 담아 주세요.

Βάλτε τις ηλεκτρονικές σας συσκευές μέσα στο καλάθι.

발떼 띠스 일렉뜨로니께스 사스 시스케베스 메사 스또 깔라티.

Επιβάτισσα	노트북을 반드시 꺼내야 하나요?

Πρέπει να βγάλω το λάπτοπ μου;

쁘레삐 나 브갈로 또 랍톱 무

Υπάλληλος	네, 그렇게 해주세요.

Ναι, παρακαλώ.

네, 빠라갈로

Επιβάτισσα	동전과 열쇠도 꺼내야 하나요?

Πρέπει να βγάλω και τα κέρματα και τα κλειδιά;

쁘레삐 나 브갈로 께 따 께르마따 께 따 끌리디아?

Υπάλληλος	네, (그것들을) 바구니에 넣어 주세요.
	Ναι, βάλτε τα στο καλάθι.
	네, 발떼 따 스또 깔라티
	한 걸음 뒤로 물러서세요 주머니에 다른 물건이 있으신가요?
	Κάντε ένα βήμα πίσω. Έχετε κάτι άλλο στις τσέπες σας;
	깐데 에나 비마 삐쏘. 에헤떼 까띠 알로 스띠스 체뻬스 사스?
Επιβάτισσα	아니요. 모두 바구니에 넣었습니다.
	Όχι. Τα έβαλα όλα στο καλάθι.
	오히. 따 에발라 올라 스또 깔라티
Υπάλληλος	알겠습니다. 지나가세요.
	Εντάξει. Περάστε.
	엔닥시. 뻬라스떼.

Τοποθετείστε [또뽀떼띠스떼]
~을 ~에 놓으세요: **τοποθετώ** (놓다)의 명령형 2인칭 복수

εδώ [에도] 여기

(οι) ηλεκτρονικές συσκευές [일렉뜨로니께스 씨스께비스] 전자기기

μέσα [메싸] 안, 속

(το) καλάθι [깔라띠] 바구니

βάλτε [발떼 ~] ~을 ~에 넣으세요: **βάζω** (넣다. 두다) 의 명령형 2인칭 복수

πρέπει να βγάλω~ [쁘레뻬 나 브갈로~]
나는 ~를 반드시 꺼내야 한다

(το) κέρμα [께르마] 동전

(το) κλειδί [끌리디] 열

(το) βήμα [비마] 걸음

πίσω [삐쏘] 뒤(로)

(η) τσέπη [체뻬] 주머니

Εντάξει. [엔닥시] 알겠습니다, 괜찮습니다.

Περάστε. [뻬라스떼] 지나가세요: **περνάω** (지나가다) 의 명령형 2인칭 복수

• 아테네 공항

아테네 공항은 인천공항보다 작은 편이기 때문에 이용하는 방법이 그렇게 어렵지 않다. 출국과 입국은 비쉥겐과 쉥겐 지역으로 가는 경로로 각각 A, B로 나누어져 있다. A는 비쉥겐, B는 유럽을 거쳐가는 쉥겐 출국게이트이다. 공항 면세점에서는 그리스 디자이너들이 만든 기념품이나 식료품, 화장품 등을 다양하게 구입할 수 있다. 시내에서 사는 것보다는 가격이 더 비싸긴 하지만 와인이나 꿀, 올리브유, 페타치즈 등 수하물로 부치기에 애매한 것들은 면세점을 이용하면 쉽게 포장해서 가지고 갈 수 있다. 공항 내에 그리스 음식을 파는 상점들이 많이 입점해 있다. 커피나 샌드위치 등 먹을 거리는 같은 품목 대비 바깥에 비해 비싼 편이지만 물만큼은 외부에서 사먹는 것과 비슷한 가격이다. 공항 내에는 장기간 짐을 보관해주는 서비스(Care4bag)도 운영하고 있어서 이동 시 불필요한 짐은 맡겨두고 다녀오면서 찾을 수 있다.

쉥겐협약

쉥겐협약은 유럽지역 29개 국가들이 여행과 통행의 편의를 위해 체결한 협약으로서, 쉥겐협약 가입국을 여행할 때는 마치 국경이 없는 한 국가를 여행하는 것처럼 자유로이 이동할 수 있습니다.

쉥겐협약 가입국 (총 29개국)

그리스, 네덜란드, 노르웨이, 덴마크, 독일, 라트비아, 루마니아, 룩셈부르크, 리투아니아, 리히텐슈타인, 몰타, 벨기에, 불가리아, 스위스, 스웨덴, 스페인, 슬로바키아, 슬로베니아, 아이슬란드, 에스토니아, 오스트리아, 이탈리아, 체코, 포르투갈, 폴란드, 프랑스, 핀란드, 크로아티아, 헝가리

[출처: 외교부 해외안전여행]

Τοποθετείστε τις αποσκευές σας εδώ.	가방들을 여기에 놓아 주세요.
Βάλτε τα προσωπικά αντικείμενά σας μέσα στο καλάθι.	소지품을 바구니에 넣어 주세요.
Βγάλτε το λάπτοπ σας.	노트북을 꺼내 주세요.
Κάντε ένα βήμα πίσω.	한발짝 뒤로 물러나 주세요.
Βγάλτε όλα τα αντικείμενα από την τσέπη σας.	주머니에 있는 물건을 모두 꺼내 주세요.
Περάστε.	지나가세요.
Ελάτε.	이쪽으로 오세요.
Έχετε διαβατήριο μαζί σας;	여권을 가지고 오셨나요?
Δώστε μου το διαβατήριό σας.	여권을 저에게 주십시오.
Αυτά είναι τα εισιτήριά σας.	당신의 티켓입니다.

수하물	**(η) αποσκευή** 아뽀스께비
면세 신고 사무소	**(το) γραφείο του Τελωνείου** 그라피오 뚜 뗄로니우
세금 환급	**(η) επιστροφή Φ.Π.Α** 에삐스뜨로피 피삐아
향수	**(το) άρωμα** 아로마
담배	**(το) τσιγάρο** 치가로
와인	**(το) κρασί** 끄라씨
올리브유	**(το) ελαιόλαδο** 엘레올라도
환승	**(η) μετεπιβίβαση** 메떼삐비바시
안내 방송	**(η) ανακοίνωση** 아나끼노시
라운지	**(η) αίθουσα αναμονής** 에쑤싸 아나모니스
수하물 래핑	**(η) περιτύλιξη αποσκευών** 뻬리띨릭시 아뽀스께본
수하물 보관소	**(ο) χωρός φύλαξης αποσκεύων** 호로스 필락시스 아뽀스께본
수하물 서비스	**(οι) υπηρεσίες Αποσκευών** 이삐레시에드 아뽀스께본

그리스인 이름에 숨겨진 비밀

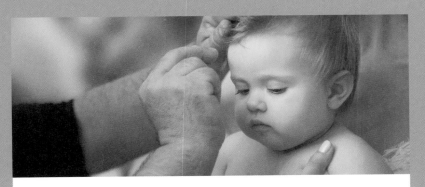

그리스 사람들은 이름이 같은 사람이 많아서 공식적인 상황에서는 성이나 부모의 이름으로 구분한다. 그리스의 유명인들은 주로 이름보다 성으로 알려져 있다(예: 그리스의 작가 카잔자키스의 이름은 니코스이지만 같은 이름이 많기 때문에 성으로 불린다) 그리스에서 요르고스(Γιώργος)나 마리아(Μαρία)를 부르면 수십 명이 뒤를 돌아본다고 우스개 소리를 하기도 하는데 이렇게 동명이 많은 이유는 조부모님의 이름을 따 아기의 이름을 짓기 때문이다.

예를 들어 딸이 태어나면 친할머니의 이름이나 외할머니의 이름을 준다. 만약 한 쪽 할머니가 자신의 이름을 포기하지 못하면 한 아기에게 두 할머니의 이름을 다 주는 경우도 있다. 같은 이름이 많고 수가 제한적이기 때문에 그리스인들은 이름마다 축일이 있어서 생일처럼 챙기고 축하한다. 네임데이 달력을 검색해서 그리스 친구의 네임데이에 축하 인사를 한다면 매우 기뻐할 것이다.

www.eortologio.net 같은 사이트에서 네임데이를 찾을 수 있다.

Αεροσυνοδός 페타치즈와 말린 토마토가 들어간 샌드위치와 구운 야채 샌드위치가 있습니다.

Έχουμε σάντουιτς με φέτα και λιαστή ντομάτα ή με ψητά λαχανικά.

에후메 산두이츠 메 페타 꼐 리아스띠 도마타 이 메 프시타 라하니까

Επιβάτισσα 야채가 들어간 샌드위치로 주세요.

Θα ήθελα ένα σάντουιτς με λαχανικά.

싸 이쎌라 에나 산두이츠 메 라하니까

Αεροσυνοδός 말씀하신 샌드위치 여기 있습니다.

Ορίστε το σάντουιτς σας.

오리스떼또 산두이츠 사스

마실 것을 드릴까요?

Θέλετεε να πιείτε κάτι;

뗄레떼 나 피이떼 까띠?

와인과 맥주, 주스와 음료수가 있습니다.

Έχουμε κρασί, μπύρα, χυμούς και αναψυκτικά.

에후메 끄라씨, 비라, 히무스 꼐 아납시티까

Επιβάτισσα 오렌지 주스 한 잔 주세요.

Θα ήθελα έναν χυμό πορτοκάλι.

싸 이쎌라 에난 히모 뽀르또깔리

Αεροσυνοδός	여기 있습니다. 다른 게 더 필요하신가요?
	Ορίστε. Χρειάζεστε κάτι άλλο;
	오리스떼. 흐리아제스떼 까띠 알로
Επιβάτισσα	물 좀 주세요.
	Λίγο νεράκι, παρακαλώ.
	리고 네라끼 빠라갈로.
Αεροσυνοδός	여기 있습니다.
	Ορίστε.
	오리스떼
Επιβάτισσα	감사합니다.
	Ευχαριστώ.
	에프하리스또

(το) σάντουιτς [산두이츠] 샌드위치

με [메] ~와 함께

(η) φέτα [페타] 페타치즈

(η) λιαστή ντομάτα [리아스띠 도마타]
말린 토마토

(τα) ψητά λαχανικά [프시따 라하니까]
구운 야채

(το) κρασί [끄라씨] 와인

(η) μπύρα [비라] 맥주

(ο) χυμός [히모스] 주스

(τα) αναψυκτικά [아나프식띠까] 음료수

(το) νεράκι [네라끼]
물(νερό '물'의 지소사 형태)

• 그리스행 항공편

한국에서 그리스까지 상시 운영하는 직항이 없기 때문에 그리스에 가려면 제3국을 경유해야 한다. 경유하는 도시를 선택하고 중간에 레이오버나 스탑오버를 곁들여 다른 곳까지 여행을 계획하는 것도 좋은 방법이다. 대기 시간이 길다면 항공사에서 제공하는 씨티투어 프로그램 등을 알아보자. 라운지를 이용해도 좋다.

아테네에 도착하면 공항에 위치한 관광안내소(Tourist Information)에서 그리스지도와 관광정보를 구할 수 있다. 통 환승 시간을 포함해 가장 빠른 노선은 터키항공이다. 최근 그리스 아테네를 직항으로 연결하는 전세기 여행상품을 여행사에서 운영하기도 한다.

Θα ήθελα ακόμα ένα ποτήρι κρασί.	와인 한 잔 더 주세요.
Μήπως έχετε εφημερίδα;	신문이 있나요?
Μπορείτε να μου δώσετε μια κουβέρτα;	담요를 받을 수 있을까요?
Μπορώ να χρησιμοποιήσω την τουαλέτα;	화장실을 사용해도 되나요?
Μήπως έχετε κάποιο χάπι για τη ναυτία;	멀미약을 좀 받을 수 있을까요?
Μπορείτε να μου δώσετε ένα μαξιλάρι;	베개를 하나 주실 수 있을까요?
Μήπως έχετε παυσίπονο;	혹시 진통제 있으세요?
Θα ήθελα λίγο νεράκι.	물을 좀 마시고 싶어요.

승무원	(o/η) αεροσυνοδός 아레로시노도스
승객	(o) επιβάτη / (η) επιβάτισσα 에삐바띠스/ 에삐바띠싸
파일럿	(o/η) πιλότος 삘로또스
안전벨트	(η) ζώνη ασφαλείας 조니 아스팔리아스
비행 모드	(η) λειτουργία πτήσης 리뚜르기아 쁘띠시스
베개	(το) μαξιλάρι 막실라리
담요	(η) κουβέρτα 꾸베르따
음식	(το) φαγητό 파기또
멀미	(η) ναυτία 나프띠아
약	(το) φάρμακο 파르마꼬
통로	(o) διάδρομος 디아드로모스
화장실	(η) τουαλέτα 뚜알레따
비상구	(η) έξοδος κινδύνου 엑소도스 낀디누
구명조끼	(το) σωσίβιο 소씨비오
안전수칙	(τα) μέτρα ασφαλείας 메뜨라 아스팔리아스
산소마스크	(η) μάσκα οξυγόνου 마스카 옥시고누
착륙	(η) προσγείωση 프로스기오씨
이륙	(η) απογείωση 아포기오씨
비상착륙	(η) προσγείωση έκτακτης ανάγκης 프로스기오시 엑딱띠스 아낭기스

그리스의 섬과 제도

할리우드의 유명인들도 사랑하는 지중해 휴양지로 알려진 그리스에는 작은 돌섬부터 무인도까지 합쳐 섬이 6천여 개나 있다. 그 중에서 사람이 살고 있는 섬은 227개이지만 이 수도 결코 적지 않다. 섬이 많기 때문에 지역별로 섬들을 모아 제도로 구분한다. 산토리니나 미코노스, 자킨토스처럼 한국인들 사이에서 선호가 높은 섬 말고도 보석 같은 섬들이 많다. 어느 섬을 가더라도 그 곳만의 매력이 넘쳐 새로운 경험을 할 수 있다. 호기심과 모험심이 강한 여행자라면 색다른 선택을 하더라도 충분히 만족할 수 있을 것이다. 그리스는 섬이 많기 때문에 지역별로 제도로 구분되어 있다. 이 중 그리스에서 가장 큰 섬인 크레타와 두 번째로 큰 섬인 에비아를 제외하고 나머지는 6개의 제도로 명명되어 있다.

그리스의 제도

- 키클라데스 제도(Κυκλάδες)/도데카니사 제도(Δωδεκάνησα)/
  에프타니사 제도(Επτάνησα) 이탈리아와 그리스 사이의 이오니아 해에 위치한 섬들
- 에게해 북동 제도(Τα νησιά του βορειοανατολικού Αιγαίου)
  #푸른바다 #조용한휴식에최적
- 스포라데스 제도(Σποράδες) #자연환경 #초록빛바다 #푸른바다
- 아르고사로니코 제도(Τα νησιά του Αργοσαρωνικού)
  #아테네근교 #원데이크루즈

Υπάλληλος	저에게 여권을 주시겠습니까?
	Δώστε μου το διαβατήριό σας, παρακαλώ.
	도스떼 무 또 디아바띠리오 사스 빠라갈로

Χάνα	여기 있습니다.
	Ορίστε.
	오리스떼

Υπάλληλος	어디서 오셨나요?
	Από πού είστε;
	아뽀 뿌 이스떼?

Χάνα	저는 한국에서 왔어요.
	Είμαι από την Κορέα.
	이메 아뽀 띤 꼬레아

Υπάλληλος	아테네에 얼마나 머무실 건가요?
	Πόσο καιρό θα μείνετε στην Αθήνα;
	뽀소 께로 따 미네떼 스띤 아띠나

Χάνα	한 달이요.
	Έναν μήνα.
	에난 미나

Υπάλληλος	당신의 방문 목적이 무엇인가요?
	Ποιος είναι ο λόγος της επίσκεψής σας;
	표스 이네 오 로고스 띠스 에삐스껩시스 사스

| Χάνα | 관광하러요. 저는 고대 유적을 보러 여기 왔습니다. |

Για τουρισμό. Ήρθα εδώ για να δω αρχαία μνημεία.

야 뚜리즈모. 일싸 에도 야 나 도 아르헤아 므니미아

| Υπάλληλος | 그리스에 오신걸 환영해요. 여기 여권 있습니다. |

Καλώς ήρθατε στην Ελλάδα, ορίστε και το διαβατήριό σας.

깔로스 일싸떼 스띤 엘라다, 오리스떼 께 또 디아바띠리오 사스

| Χάνα | 정말 감사합니다. |

Ευχαριστώ πολύ.

에프하리스또 뽈리.

δώστε [도스떼] 주세요: **δίνω** (주다)의 2인칭 복수 명령법

(το) διαβατήριο [디아바띠리오] 여권

πόσο καιρό [뽀쏘 께로] 얼마나(기간)

θα μείνετε [따 미네떼] 당신은 머물것이다: **μένω** (머물다)의 2인칭 복수 단순미래시제)

(ο) μήνας [미나스] 달

(ο) λόγος [로고스] 이유

(η) επίσκεψη [에삐스] 시 방문

(ο) τουρισμός [뚜리즈모스] 관광

ήρθα [일싸] 나는 왔다: **έρχομαι** (오다)의 1인칭 단수 단순과거형

να δω [나 도] 보려고: **βλέπω** (보다)의 1인칭 단수 접속법

(τα) αρχαία μνημεία [아르헤아 므니미아] 고대 유적

●비자와 입국심사

그리스에 입국할 때 쉥겐지역을 통해 입국을 하면 첫 쉥겐지역에서만 여권을 확인하고 그리스에서 따로 입국 심사과정을 거치지 않는다. 비쉥겐지역을 통해 입국하면(아랍에미레이트, 카타르, 터키항공 등 이용) 여권 검사를 해야 입국할 수 있다.

입국 심사 과정에서 특별히 질문을 하지는 않고 여권에 비자 유효기간 등이 제대로 표기되어 있는지만 확인한다. 대한민국 여권으로 최대 3개월까지 비자 없이 그리스에 체류

가 가능하다. 그 이상의 체류가 필요한 경우 주한 그리스 대사관에서 비자를 신청하여 허가를 받아야 한다.

그리스 현지에서의 비자는 상황에 따라 기준이 다르고 신청방식도 변화가 있을 수 있으니 현지에서 정보를 확인하는 것이 필요하다.

Δώστε μου το διαβατήριό σας.	여권을 주시겠습니까?
Πόσο καιρό θα μείνετε εδώ;	여기에 얼마나 머무실 건가요?
Πόσο καιρό θα μείνετε στην Ελλάδα;	그리스에서 얼마나 머무실 건가요?
Ήρθα να ταξιδέψω στην Ελλάδα.	그리스를 여행하려고 왔어요.
Ήρθα να επισκεφτώ τον φίλο μου.	친구를 방문하려고 왔어요.
Ήρθα για σπουδές.	공부하러 왔어요.
Ήρθα για επαγγελματικό ταξίδι.	출장으로 왔어요.
Ήρθα να επισκεφτώ την οικογένειά μου.	가족을 방문하러 왔어요.

어휘 플러스

체류 비자	**(η) άδεια παραμονής** 아디아 빠라모니스
입국	**(η) είσοδος στην χώρα** 이쏘도스 스띤 호라
출국	**(η) έξοδος από την χώρα** 엑소도스 아뽀 띤 호라
외국인	**(ο) ξένος/(η) ξένη** 크세노스/크세니
국적	**(η) εθνικότητα** 에뜨니꼬띠따
주소	**(η) διεύθυνση** 디에프띤씨
직업	**(το) επάγγελμα** 에빵겔마
생년월일	**(η) ημερομηνία γέννησης** 이메로미니아 게니시스
관광객	**(ο) τουρίστας/ (η) τουρίστρια** 뚜리스따스/뚜리스뜨리아
학업	**(οι) σπουδές** 스뿌데스
여행	**(το) ταξίδι** 딱시디
학회	**(το) συνέδριο** 시네드리오
출장	**(το) επαγγελματικό ταξίδι** 에빵겔마띠꼬 딱시디
신혼여행	**(το) ταξίδι του μέλιτος, (το)γαμήλιο ταξίδι** 딱시디 뚜 멜리또스, 가밀리오 딱시디

그리스인들은 어디로 휴가를 갈까?

한국에서는 포카리스웨트 음료수 촬영지로 유명해진 미코노스와 산토리니. 미코노스의 경우 그리스인들 사이에서도 돈이 많은 사람들이 휴양하러 가는 곳이라는 인식이 있고, 산토리니 역시 그리스의 평균 물가에 비해 비용이 상당히 비싸기 때문에 선호도가 높지 않은 편이다.

여행 중 그리스인들이 산토리니나 미코노스에 대해 별로라고 하는 이야기를 듣는다면 이 때문일 것이다. 물론 우리에겐 이국적 매력이 가득한 아름다운 섬인 것은 사실이지만 그리스인에겐 대체할 만한 선택지가 많기 때문이기도 하다. 그리스인에게 휴가란 복잡하지 않은 곳에서 평온한 시간을 보내는 것이므로 그들이 가장 선호하는 휴가지는 익숙하면서도 경제적이고 좋은 해변이 있는 곳이다. 보통은 가족들이 살고 있는 고향으로 휴가를 가는데 휴가 기간이 길기도 하고 물가가 너무 비싼 관광지는 복잡하고 불편하다고 느끼기 때문이다.

Υπάλληλος	안녕하세요.
	Καλημέρα σας.
	깔리메라 사스
Πελάτισσα	안녕하세요 달러를 유로로 환전하고 싶어요.
	Γεια σας. Θα ήθελα να κάνω ανταλλαγή από δολάρια σε ευρώ.
	야 사스. 따 이쎌라 나 까노 시날라그마 아뽀 돌라리오 쎄 에브로
Υπάλληλος	몇 달러를 환전하고 싶으신가요?
	Πόσα δολάρια θέλετε να ανταλλάξετε;
	뽀싸 돌라리아 뗄레떼 나 알락세떼?
Πελάτισσα	천 달러요.
	1000 δολάρια.
	힐랴 돌라리아
Υπάλληλος	달러대비 유로환율은 0.96입니다.
	Η ισοτιμία του ευρώ είναι 0.96 λεπτά.
	이 이소띠미아 뚜 에브로 이네 미덴 코마 에네닌다 엑시 렙따
	유로로 총 957.26유로가 되네요.
	Συνολικά βγαίνουν εννιακόσια πενήντα εφτά ευρώ και είκοσι έξι λεπτά.
	씨놀리까 브예눈 에냐코시아 뻬닌다 에프타 에브로 꼐 이코시 엑시 레프따

Πελάτισσα	알겠습니다.
	Ωραία.
	오레아
	100유로짜리 8장, 50유로 3장 나머지는 잔돈으로 주세요.
	Θα ήθελα 8 χαρτονομίσματα των 100 ευρώ, 3 των 50 και τα υπόλοιπα σε ψηλά.
	따 이셀라 옥또 할또노미즈마따똔 에까똔 에브로 뜨리아 똔 뻬닌다 께 따 이뽈리빠 쎄 프실라.
Υπάλληλος	물론이죠. 여기 환전한 돈 있습니다.
	Βεβαίως. Εδώ είναι τα χρήματά σας.
	베베오스. 에도 이네 따 흐리마따 사스
Πελάτισσα	정말 감사합니다.
	Ευχαριστώ πολύ.
	에프하리스또 뽈리

(η) ανταλλαγή νομισμάτων [안달라기 노미즈마똔] 환전

(το) δολάριο [돌라리오] 달러

(το) ευρώ [에브로] 유로

σε [쎄] ~(으)로, ~에(서)

να ανταλλάξετε [나 안달락세떼] 당신은 환전하고: ανταλλάζω (맞바꾸다) 의 2인칭 복수 접속법

(η) ισοτημία [이소띠미아] 환율

συνολικά [시놀리까] 총합으로

βγαίνουν [브예눈] 나오다, 산출되다: βγαίνω (나오다, 산출되다) 의 3인칭 복수 현재형

(το) χαρτονόμισμα [하르또노미즈마] 지폐

υπόλοιπος/υπόλοιπη/υπόλοιπο [이뽈리뽀스/이뽈리뻬/이뽈리뽀] 나머지

σε ψηλά [쎄 프실라] 동전/잔돈으로

(τα) χρήματα [흐리마따] 돈

●**환전과 카드사용**

그리스는 유로를 사용하기 때문에 필요한 현금은 한국에서 환전해 나가는 것이 좋다. 요즘은 카드 사용이 일상화 되어서 해외에서 사용하기 좋은 혜택이 있는 카드를 발급받아도 좋다. 해외 사용 카드 수수료를 반드시 확인하고, 소액은 현금을 사용하는 것을 추천한다.

ATM에서 현금인출도 가능하지만 수수료가 붙으므로 너무 적은 돈 단위로 자주 인출하기보다는 한번에 인출하도록 한다. 국내에 해외 현금인출 시 수수료가 없는 카드도 있으니 미리 발급받아 사용하는 것을 추천한다. 한국에서는 사용하지 않지만 그리스 및 해외에서는 카드를 단말기에 긁지 않고 가져다 대기만 해도 결제가 되는 비접촉 결제(EMV Contactless)를 흔히 사용한다.

한국에서 발급 받은 카드에 왼쪽과 같은 그림이 있다면 비접촉 결제가 가능하다.
(비접촉 결제: **ανέπαφη πληρωμή**)

Θα ηθέλα να κάνω ανταλλαγή από ευρώ σε δολάριο.	유로를 달러로 바꾸고 싶어요.
Θέλω να κάνω ανταλλαγή 1000 δολαρίων.	천 달러를 바꾸고 싶어요.
Χρειάζομαι ευρώ.	저는 유로가 필요해요.
Θέλω να κάνω ανταλλαγή 700 δολάρια σε ευρώ.	700달러를 유로로 바꾸고 싶어요.
Ποιο είναι το ποσό ενός ευρώ ανά δολάριο;	1유로는 달러로 얼마가 되나요?
Το ένα ευρώ ισοδυναμεί με 1.04 δολάρια.	1유로는 1.04 달러입니다.
Θα ήθελα τρία χαρτονομίσματα των 100 ευρω, δύο των 50 και πέντε των 20.	100유로 3장, 50유로 2장, 20유로 5장 으로 주세요.
Ποια είναι η τρέχουσα ισοτιμία του ευρώ έναντι του δολαρίου;	달러대비 유로 환율이 어떻게 되나요?
Η κάρτα σας περνάει ανέπαφα;	당신의 카드는 비접촉 결제가 가능한가 요?
Η κάρτα μου περνάει ανέπαφα.	제 카드는 비접촉 결제가 가능합니다.

어휘 플러스

환율	**Ισοτιμίες νομισμάτων** 이소띠미에스 노미즈마똔
환전소	**(το) ανταλλακτήριο Συναλλάγματος** 안달락띠리오 시날라그마또스
파운드	**(η) λίρα (Αγγλίας)** 리라
현금	**(τα) μετρητά** 메뜨리따
동전	**(το) κέρμα** 께르마
영수증	**(η) απόδειξη** 아뽀딕시
은행	**(η) τράπεζα** 뜨라뻬자
50센트	**πενήντα λεφτά** 뻬닌다 렙따
1유로	**ένα ευρώ** 에나 에브로
5유로	**πέντε ευρώ** 뻰데 에브로
10유로	**δέκα ευρώ** 데까 에브로
20유로	**είκοσι ευρώ** 이코씨 에브로
50유로	**πενήντα ευρώ** 뻬닌다 에브로
100유로	**εκατό ευρώ** 에까또 에브로
200유로	**διακόσια ευρώ** 디아꼬시아 에브로
500유로	**πεντακόσια ευρώ** 뻰다꼬시아 에브로

ATM 이용하기

그리스에서는 도시나 관광객이 많은 지역은 최근 카드를 이용해 비용을 지불하는 것이 어렵지 않다. 현금이 추가로 필요할 때 ATM은 유로를 현금으로 찾을 수 있는 가장 쉬운 방법이다. 아테네 등 큰 도시에는 시내 곳곳에서 쉽게 ATM을 찾아볼 수 있으며, 일반적으로 지역 광장이나 메트로역, 슈퍼마켓, 쇼핑몰, 공항, 항구 등에 있다. 그리스에서 ATM을 이용할 때 주의할 점은 다음과 같다.

◎ 몇몇 경우에는 하루 출금금액 한도가 600유로인 곳이 있을 수 있으며, 이는 은행의 규정에 따른다. 한국에서 사용하는 계좌의 한도와 해외인출 조건을 확인해야 한다.

◎ 한국카드로 유로를 출금하면 환전수수료 이외에도 2~4유로의 ATM 수수료가 붙는다. 따라서 적은 돈을 여러 번 인출하기보다 한번에 필요한 돈을 인출하는 것이 좋다.

◎ 섬이나 시골 작은 마을에서는 ATM이 있더라도 현금보유율이 낮을 수 있으니 반드시 육지에서 현금을 준비해 가는 것이 좋다.

◎ 그리스 은행에서 운영하지 않는 여행자용 ATM은 이용료와 환전수수료가 현저하게 높으므로 은행에서 운영하는 ATM을 이용하는 것이 좋다.

대표적인 그리스 은행은 Alpha Bank, Eurobank Ergasias, National Bank of Greece, Piraeus Bank 등이 있다.

3

호텔

Μίνσου	안녕하세요.
	Γεια σας.
	야 사스.
	제가 인터넷으로 예약을 했는데요.
	Έχω κάνει κράτηση μέσω ίντερνετ.
	에호 까니 끄라띠시 메소 인텔넷
Υπάλληλος	어서 오세요. 성명이 어떻게 되십니까?
	Καλώς ήρθατε. Ποιο είναι το ονοματεπώνυμό σας;
	깔로스 일싸떼. 피오 이네 또 오노마떼뽀니모 싸스
Μίνσου	민수 김(입니다).
	Μίνσου Κιμ.
	민수 킴
Υπάλληλος	네. 더블룸을 2박 예약하셨습니다.
	Ωραία. Έχετε κλείσει ένα δίκλινο δωμάτιο με διπλό κρεβάτι για 2 βραδιά.
	오레아. 에헤떼 끌리씨 에나 디끌리노 도마티오 메 디쁠로 끄레바띠 야 디오 브라디아
	여권을 주실 수 있나요?
	Μπορείτε να μου δώσετε το διαβατήριό σας;
	보리떼 나 무 도쎄떼 또 디아바띠리오 싸스
Μίνσου	물론지요. 여기 있습니다.
	Βεβαίως. Ορίστε.
	베베오스 오리스떼

Υπάλληλος

객실은 5층에 있고 방번호는 515입니다.

Το δωμάτιό σας είναι στον πέμπτο όροφο, αριθμός 515.

또 도마티오 싸스 이네 스똔 뻼또 오로포, 아리쯔모스 뻰다꼬이시아뻰데

아침식사는 7시부터 10시까지 1층에서 제공됩니다.

Το πρωινό σερβίρεται από τις 7 μέχρι τις 10 στον πρώτο όροφο.

또 쁘로이노 세르비레떼 아뽀 띠스 에프따 메흐리 띠스 데까 스똔 쁘로또 오로포

엘리베이터는 오른쪽에 있습니다. 좋은 시간 되세요.

Το ασανσέρ βρίσκεται στα δεξιά σας. Καλή διαμονή.

또 안싼쎌 브리스께떼 스따 덱시아 싸스. 깔리 디아모니.

Μίνσου

정말 감사합니다.

Ευχαριστώ πολύ.

에프하리스또 뽈리.

έχω κάνει κράτηση [에호 까니 끄라띠씨]
나는 예약을 했다: **κάνω κράτηση** '예약을 하다'의 현재완료 시제

μέσω~ [메쏘] ~를 통해서

(το) ίντερνετ [인떼르넷] 인터넷 =
(το) διαδύκυο 디아딕티오

(το) δίκλινο [디끌리노] 더블룸 디끌리노

(το) δωμάτιο [도마티오] 방

διπλός/διπλή/διπλό
[디쁠로스/디쁠리/디쁠로] 이중(의), 더블

(το) κρεβάτι [끄레바띠] 침대

για [야] ~를 위해, ~동안

(το) βράδυ [브라디]
저녁, 밤/복수형 **(τα) βράδια**

βεβαίως [베베오스] 물론이죠

πέμπτος/πέμπτη/πέμπτο
[뻼 또스/띠/또] 다섯 번째

(ο) όροφος [오로포스] 층

(ο) αριθμός [아리스모스] 번호, 숫자

(το) πρωινό [쁘로이노] 아침식사

σερβίρεται [세르비레떼] 서빙되다,
σερβίρομαι (서비스 되다)의 3인칭 단수 현재시제

από ~ μέχρι~ [아뽀~ 메흐리] ~부터 ~까지

πρώτος/πρώτη/πρώτο
[쁘로또스/쁘로띠/쁘로또] 첫 번째

(το) ασανσέρ [아싼쎄르] 엘리베이터

δεξιά [덱시아] 오른쪽(으로)

생생 여행
Tip

● 그리스의 숙소

그리스 호텔은 여느 유럽 국가와 크게 다르지 않다. 다만 호텔의 규모로 보았을 때 대규모의 호텔 보다는 가족단위로 운영하는 작은 규모 호텔들이 많아 조금 더 소박한 분위기가 있다.

숙소 사용시 크게 유의할 점은 없지만, 유럽 다른 국가들과 마찬가지로 욕조 밖으로 배수구가 없는 경우가 많으니 샤워커튼을 욕조 안으로 넣고 씻는 것 정도는 상식으로 알고 있으면 좋다.

요즘은 태양열 보일러를 사용하는 곳도 많지만 현지인의 집을 빌리는 에어비앤비 숙소의 경우 따뜻한 물을 쓰려면 씻기 30분 전에 15~20분 정도 보일러를 직접 켜고 꺼야 하는 곳이 있다.

그리고 그리스의 화장실에는 휴지를 변기에 넣으면 막히는 경우가 많아 휴지는 반드시 휴지통에 넣어야 한다는 것을 잊지 말자. 또한 그리스 건물의 층수는 1층부터 시작이 아니라 0층부터 시작한다. 한국기준 2층이 그리스에서는 1층이다.

Έχετε διαθέσιμα δωμάτια;	빈 방이 있나요?
θα ήθελα να κλείσω ένα δωμάτιο για ~ μερες/βραδιά.	~일 동안 방을 예약하고 싶어요.
Εδώ είναι η απόδειξη κράτησής μου.	여기 예약 서류입니다.
Θα ήθελα ένα μονόκλινο (δωμάτιο).	1인실로 부탁합니다.
Θα ήθελα ένα δίκλινο (δωμάτιο) με δύο μονά κρεβάτια.	싱글침대 2개인 2인실로 부탁합니다.
Θα ήθελα να μείνω ένα βράδυ.	하루 묵고 싶습니다.
Θέλω ένα δωμάτιο για δύο διανυχτερεύσεις.	2박 머물 방을 원해요.
Μπορώ να κάνω check-in τώρα;	지금 체크인 할 수 있을까요?
Μπορώ να αφήσω τις βαλίτσες μου στο ρεσεψιόν;	체크아웃 후에 짐을 맡길 수 있을까요?
Καλή διαμονή.	(이 숙소에서) 좋은 시간 보내세요.

리셉션	(η) υποδοχή /(το) ρεσεψιόν 이쁘도히/레셉시온
예약	(η) κράτηση 끄라띠시
더블침대	(το) διπλό κρεβάτι 디쁠로 끄레바띠
싱글침대	(το) μονό κρεβάτι 모노 끄레바띠
비흡연실	δωμάτιο για μη καπνίζοντες 도마티오 야 미 까쁘지존데스
가족룸	δωμάτιο για οικογένεια 도마티오 야 이꼬게니아
취소	(η) ακύρωση 아끼로씨
선예약금	(η) προκαταβολή 쁘로까따볼리
추가 침대	έξτρα κρεβάτι 엑스트라 끄레바띠
애완동물	(το) κατοικίδιο ζώο 까띠끼디오 조오
바	(το) μπαρ 바르
손님	(ο) πελάτης, (η) πελάτισσα 뻴라띠스, 뻴라띠사
체크아웃 시간	ώρα για τσεκ άουτ 오라 야 첵 아웃
피트니스 센터	(το) γυμναστήριο 김나스띠리오
룸서비스	(η) υπηρεσία δωματίου 이쁘레씨아 도마티우
렌터카	(η) ενοικίαση αυτοκινήτων 에니끼아씨 아프또끼니똔
짐보관	(η) φύλαξη αποσκευών 필락시 아뽀스께본
세탁 서비스	(η) υπηρεσία καθαρισμού ρούχων 이쁘레씨아 까따리즈무 루혼
전 객실 무료 와이파이	δωρεάν Wi-Fi σε όλα τα δωμάτια 도레안 와이파이 쎄 올라 따 도마티아
공항호텔간 이동 서비스	(η) μεταφορά από/προς το αεροδρόμιο 메따포라 아뽀/쁘로스 또 아에로드로미오

그리스인의 시간 개념

그리스에 가면 분위기 자체가 서두르거나 압박을 받는 느낌이 덜하다. 똑같이 흘러가는 시간인데 그리스에서는 시간이 한층 여유롭게 흘러가는 것 같다. 때론 매우 느리게도 느껴질 수 있다. 그래서 한국의 빨리빨리 문화와 그리스의 느긋한 문화 중간 정도쯤이면 딱 좋겠다 싶은 생각을 한다. 물론 개인의 성격차이는 존재하지만 그리스인들은 느긋한 편이다. 대부분 사적 약속시간을 칼같이 지키는 편은 아니다. 15분 정도 늦는 것은 기본적이고 1시간 이상도 늦는 경우가 있다. 일부러 늦게 오는 것이 아니라 어쩌다 보니 그렇게 되는 것인데 그 상황에 대한 압박감을 늦는 사람과 기다리는 사람이 전부 크게 민감하게 생각하지 않는 것 같다. 그래서 약속을 잡을 때 과하게 기다리고 싶지 않다면 실제로 원하는 시간보다 30분 정도 앞당겨 말하는 것도 방법이다.

Υπάλληλος

리셉션입니다. 말씀하세요

Υποδοχή, παρακαλώ;

이뽀도히, 빠라갈로

Μίνσου

안녕하세요. 아침식사를 방으로 주문하고 싶은데요.

Γεια σας, θα ήθελα να παραγγείλω πρωινό στο δωμάτιο.

야 사스, 따 이쎌라 나 빠랑길로 쁘로이노 스또 도마티오

Υπάλληλος

아침식사 주문은 카페-바 메뉴판에서 음료 하나 고르실 수 있고 음식은 호텔 레스토랑 메뉴에서 고르실 수 있습니다.

Για το πρωινό σας, μπορείτε να επιλέξετε κάποιο ρόφημα από τον κατάλογο του καφέ-μπαρ και φαγητό από το menu του εστιατορίου μας.

야 또 쁘로이노 사스, 보리떼 나 에삘렉세떼 까피오 로피마 아뽀 똔 까딸로고 뚜 까페-발 께 파기또 아뽀 또 메누 쑤 에스띠아또리우 마스

Μίνσου

'그리스식 아침식사'를 2인분과 그릭커피 중간달기로 두 잔 주문할게요.

Θα πάρουμε το «ελληνικό πρωινό» για δύο άτομα και δύο ελληνικούς καφέδες μέτριους.

따 빠루메 또 엘리니꼬 쁘로이노 야 디오 아또마 께 디오 엘리니꾸스 카페데스 메뜨리우스

Υπάλληλος	알겠습니다. 몇 시에 아침식사를 가져다 드릴까요?

Μάλιστα. Τι ώρα να σας το προσφέρουμε;

말리스따. 띠 오라 나 사스 또 쁘로스페루메?

Μίνσου	9시에 부탁드립니다.

Στις 9, παρακαλώ.

스띠스 에냐, 빠라갈로

Υπάλληλος	알겠습니다. 방 번호가 어떻게 되나요?

Εντάξει. Ποιο είναι το νούμερο του δωματίου σας;

엔닥시. 표 이네 또 누메로 뚜 도마티우 싸스?

Μίνσου	515(호입니다.)

515.

뻰다꼬시아 데까뻰데.

να παραγγείλω [나 빠랑길로] (나는) 주문하기를, **παραγγέλνω** (주문하다) 동사의 접속법 1인칭 단수

να επιλέξετε [나 에필렉세떼] (당신이) 고를 수: **επιλέγω** (고르다, 선택하다) 동사의 접속법 2인칭 복수

κάποιος/κάποια/κάποιο [까피오스/까피아/까피오] 어떤 사람(남성/여성), 어떤 아이, 어떤 것(중성)

(το) ρόφημα [로피마] 음료

(ο) κατάλογος [까딸로고스] 카탈로그, 메뉴

(το) καφέ-μπαρ [카페-바르] 카페-바

(το) φαγητό [파기또] 음식

(το) εστιατόριο [에스띠아또리오] 식당

θα πάρουμε [따 빠루메] (우리가) ~를 받을 것이다: **παίρνω** (받다) 동사의 접속법 1인칭 복수

(το) άτομο [아또모] 인원, 사람

μάλιστα [말리스따] 알겠습니다.

προσφέρουμε [쁘로스페루메] (우리가) 제공하다: **προσφέρω** (제공하다) 동사의 1인칭 복수 현재형

(το) νούμερο [누메로] 번호

• 에어비앤비 airbnb

요즘 아테네 시내는 에어비앤비가 대유행처럼 많이 생겼다. 꽤 수준 높은 시설을 갖추고 있으면서도 현지인들과 같은 건물에서 살아보는 경험을 할 수 있다는 장점이 있다. 우후 죽순으로 늘어난 에어비앤비 운영으로 최근 아테네에서는 시민들이 거주할 집을 구하는 것이 어려워지는 문제가 생기기도 했다. 정말 그리스인 주인이 애정을 가지고 운영하는 숙소라면 그리스의 환대 문화를 체험하기 좋다. 에어비앤비 숙소를 검색하면 어떤 회사 나 외국인이 여러 채 집을 호텔처럼 운영하는 경우가 있는데, 이러한 경우는 그리스인의 정을 느껴보기는 어렵다. 가능하다면 그리스인 집주인이 직접 운영하는 에어비앤비로 숙소를 잡는 것이 그리스인들의 정을 조금 더 체감할 수 있고 현지인과 가까이 소통하는 경험을 얻을 수 있다.

호텔이 아닌 사설 숙소의 경우 의외로 에어컨과 난방시설이 없는 집도 많기 때문에 숙소 예약 시 이러한 점을 잘 확인해야 하며 다세대 주택의 경우 건물 내 수칙이 영어로 현관 이나 엘리베이터 문에 붙어있으니 이러한 점을 잘 확인하고 거주하는 그리스인의 생활 에 대한 배려도 잊지 않아야 한다.

호텔

Θα ήθελα room service.	룸서비스를 원합니다.
Μπορείτε να μας προσφέρετε το πρωινό στο δωμάτιο;	아침식사를 방으로 가져다 주실 수 있을까요?
Υπάρχει κάποιο ωραίο καφέ εδώ κοντά;	커피가 맛있는 카페가 근처에 있나요?
Έχετε κάποια ελληνικά εστιατόρια να μας προτείνετε;	추천해 주실 그리스 식당이 있나요?
Πού είναι η πισίνα;	수영장은 어디인가요?
Τι ώρα σεβίσεται το πρωινό;	조식은 몇시부터인가요?
Πού είναι το ασανσέρ;	엘리베이터는 어디인가요?
Μπορώ να παραγγείλω φαγητό;	음식을 주문할 수 있나요?
Τι ώρα κλείνει το μπαρ;	바는 몇 시에 닫나요?

현금인출기	**ATM** 에이티엠
짐 보관소	**(η) υπηρεσία αποσκευών** 이뻬레씨아 아뽀스께본
환전	**(η) ανταλλαγή νομισμάτων** 안달라기 노미즈마똔
24시간 리셉션	**24ώρη υποδοχή** 이꼬시떼뜨라오리 이뽀도히
매일 객실 청소 서비스	**υπηρεσία καθημερινού καθαρισμού** 이뻬레씨아 까띠메리누 까따리즈무
다림질 서비스	**(η)υπηρεσία σιδερώματος** 이뻬레씨아 씨데로마또스
드라이클리닝	**(το) στεγνό καθάρισμα ρούχων** 스테그노 까따리즈마 루혼
세탁소	**(το) καθαριστήριο Ρούχων** 까따리즈마 루혼
유료	**με χρέωση** 메 흐레오씨
무료	**χωρίς χρέωση** 호리스 흐레오씨
금고	**(το) χρηματοκιβώτιο** 흐리마또끼보티오
이발/미용실	**(το) κούρειο/(το) κομμωτήριο** 꾸리오/꼬모띠리오
모닝콜 서비스	**(η) κλήση αφύπνισης** 끌리씨 아피프니시스
흡연구역	**(ο) χώρος για καπνίζοντες** 호로스 야 까쁘니존데스
실내 수영장	**(η) εσωτερική πισίνα** 에소떼리끼 삐씨나
팩스	**(το) φαξ** 팍스
복사	**(η) φωτοτυπία** 포토띠삐아

그리스식 결혼식

가족간의 유대관계를 중시하는 그리스 사회의 결혼 문화는 영화 '나의 그리스식 웨딩(My big fat greek wedding)에서 그 분위기를 엿볼 수 있다. 많은 친인척들이 모여 왁자지껄하게 식을 준비하고 따라야 할 전통이 많다. 그리스의 결혼식은 종교방식 결혼식(θρησκευτικός γάμος)와 시청에서 진행하는 법률혼(πολιτικός γάμος)이 있다.

그리스에서는 본래 종교 결혼식만을 인정하였으나, 종교의 자유를 침해한다는 이유 등으로 정부차원에서 1982년부터 법률혼도 인정되고 있다. 야외에서 하는 가든 결혼식도 형식적으로 교회 건물 같은 것을 지어 둘 정도로 그리스 정교회 문화와 가까이 있다.

보통 저녁시간에 결혼식을 하고 이후 피로연에서 진짜 파티가 시작되어 밤새도록 이어진다. 그리스 전통 춤부터 시작해 사람들은 그야말로 모두 즐거운 시간을 보내며 결혼을 축하한다. 그리스 결혼식에 초대받는다면 밤새도록 흥겹게 어울릴 수 있는 체력과 정신력을 준비하도록 하자.

Υπάλληλος	리셉션입니다. 말씀하세요.
	### Υποδοχή, παρακαλώ;
	이뽀도히, 빠라깔로
Σάρα	안녕하세요. 301호에서 전화 드립니다.
	### Γεια σας. Τηλεφωνώ από το δωμάτιο 301.
	야 사스. 띨레포노 아뽀 또 도마티오 뜨리아꼬시아 에나
Υπάλληλος	네. 무엇을 도와드릴까요?
	### Μάλιστα. Πώς θα μπορούσα να σας εξυπηρετήσω;
	말리스따. 뽀스 따 보루싸 나 사스 엑시뻬레띠쏘?
Σάρα	창문이 안 열려요.
	### Δεν ανοίγει το παράθυρο.
	덴 아니기 또 빠라띠로.
Υπάλληλος	그래요? 상황을 보도록 직원을 보내드리겠습니다.
	### Αλήθεια; Θα στείλουμε κάποιον από το προσωπικό να το δει.
	알리티아? 따 스틸루메 까피온 아뽀 또 쁘로소삐꼬 나 또 디
	혹시 방을 변경해 드릴까요?
	### Μήπως θέλετε να σας αλλάξουμε δωμάτιο;
	미뽀스 뗄레떼 나 사스 알락수메 도마티오?

Σάρα	네, 그렇게 해 주시면 감사하겠습니다.

Ναι, αν γίνεται, θα σας ήμουν ευγνώμων.

네 안 기네떼, 따 사스 이문 에브그노몬.

Υπάλληλος.	물론이죠. 그럼 옮기실 방 열쇠도 함께 보내드리겠습니다.

Κανένα πρόβλημα. Θα σας στείλουμε και το κλειδί του άλλου δωματίου.

까네나 쁘로블리마. 따 사스 스띨루메 께 또 끌리디 뚜 알루 도마티우

방은 6층에 있고, 601호입니다.

Το δωμάτιο είναι στον έκτο όροφο, το 601.

또 도마티오 이네 스똔 엑또 오로포, 또 엑시 미덴 에나.

Σάρα	정말 감사합니다.

Ευχαριστώ πολύ.

에프하리스또 뽈리

τηλεφωνώ [띨레포노] (내가) 전화를 걸다

να εξυπηρετήσω [나 엑시삐레띠쏘] (내가) 서비스를 제공할: **εξυπηρετώ** (서비스를 제공하다) 동사의 접속법 1인칭 단수

ανοίγει [아니기] 열리다, 열다: **ανοίγω** (열다) 동사의 3인칭 단수 현재시제

(το) παράθυρο [빠라띠로] 창문

θα στείλουμε [따 스띨루메] 우리가 보내드릴게요: **στέλνω** (보내다) 동사의 1인칭 복수 단순미래 시제

(το) προσωπικό [쁘로소삐꼬] 담당자, 직원

να δει [나 디] 보려고/ 보기 위해: **βλέπω** (보다) 동사의 3인칭 단수 접속법

μήπως [미뽀스] 혹시

να αλλάξουμε [나 알락수메] 우리가 바꾸기를: **αλλάζω** (바꾸다) 동사의 1인칭 복수 접속법

γίνεται [기네떼] (어떤 일이) 일어나다, 가능하다, (어떤 일이 일어나다) 동사의 3인칭 단수 현재시제

έκτος/έκτη/έκτο [엑또스/엑띠/엑또 6번째]

●그리스의 식사문화

최근 관광객들을 위해 그리스식 아침식사 세트를 내놓는 식당들이 많아졌다. 주로 빵과 과일 그릭요거트 등이 포함되어 있다. 지역별로 호텔 조식에서 특별한 지역 음식을 제공하기도 한다. 하지만 실제로 그리스인들은 아침식사를 간단히 하는 편이다.

출근하는 길에 커피 한 잔과 꿀루리(그리스 전통빵)를 하나 사서 먹거나 작은 파운드 케이크 한 조각, 프리가니아 등을 곁들이기도 하는데, 정말 커피 한 잔만 마시고 아침식사를 건너뛰는 경우도 많다. 점심 역시 정찬의 개념보다는 간식 느낌으로 식사를 하는데 늦은 점심식사의 개념으로 식당을 찾는다면 서너시에 간다. 회사에서는 보통 샌드위치나 파이 등으로 가볍게 점심을 먹는 편이다.

그리스인들에게 저녁식사는 하루의 식사 중 가장 풍성하고 여유로운 식사시간이다. 보통 8시에서 9시에 저녁 식사를 하는데, 특별한 날이나 파티를 할 때는 더 늦게, 더 오래 저녁 식사를 즐긴다. 식당들은 늦게까지 영업을 하는 편이다. 그리스의 저녁식사시간 피크는 대략 8시부터이니 한국인의 저녁식사 시간에 맞춰 식당에 간다면 꽤나 여유로운 분위기에서 식사를 할 수 있다.

Δεν λειτουγεί το κλιματιστικό.	에어컨이 작동되지 않아요:
Δεν κλείνει η πόρτα.	문이 닫히지 않아요,
Δεν μπορώ να συνδεθώ στο ιντερνετ.	인터넷 연결이 안됩니다.
Έχασα το κλειδί του δωματιού μου.	제 룸 열쇠를 잃어버렸어요.
Τι ώρα σερβίρεται το πρωινό;	조식은 몇 시에 시작하나요?
Μπορείτε να μου αλλάξετε το δωμάτιο;	룸을 변경해 주실 수 있으신가요?
Έκανα κράτηση μέσω ~	~를 통해서 예약했습니다.
Ποιο είναι ο κωδικός πρόσβασης του WIFI;	와이파이 비밀번호가 어떻게 되나요?
Έχει σύνδεση WIFI στα δωμάτια;	방에서도 와이파이가 잡히나요?
Μπορώ να αφήσω τις βαλίτσες μου;	제 짐을 맡길 수 있을까요?

어휘 플러스

에어컨	(το) κλιματιστικό 끌리마띠스띠꼬
히터	(η) θερμάστρα 떼르마스트라
인터넷	ίντερνετ/ (το) διαδύκτιο 인테르넷/디아딕티오
와이파이 비밀번호	κωδικός πρόσβασης για WIFI 꼬디꼬스 쁘로즈바시스 야 와이파이
무료 와이파이	δωρεάν WIFI 도레안 와이파이
슬리퍼	(οι) παντόφλες 빤도플레스
드라이기	(ο) στεγνωτήρας μαλλιών, (το) πιστολάκι 스테그노띠라스 말리온. 삐스똘라끼
리모컨	(το) τηλεκοντρόλ 띨레콘트롤
욕조	(η) μπανιέρα 바니에라
샤워	(το) ντουζ 두즈
텔레비전	(η) τηλεόραση 띨레오라씨
화장실	(η) τουαλέτα 뚜알레따
욕실	(το) μπάνιο 바뇨
목욕 가운	(το) μπουρνούζι 부르누지
수건	(η) πετσέτα 뻬쩨따
샴푸	(το) σαμπουάν 삼푸안
바디클렌저	(το) αφρόλουτρο 아프로루뜨로
비누	(το) σαπούνι 사뿌니
칫솔	(η) οδοντόβουρτσα 오돈도부르차
치약	(η) οδοντόκρεμα 오돈도끄레마
어메니티	(τα) καλλυντικά μπάνιου 깔린디까 바니우

어휘

화장실 이용하기

여행지에서 화장실을 사용하는 것은 생존의 문제이기도 하다. 많은 유럽국가에서 유료 화장실 제도를 가지고 있지만 그리스는 그에 비하면 유료 화장실이 많은 편은 아니다. 그리고 한국처럼 공원이나 지하철 역 등에 깨끗한 화장실이 있다고 생각하면 안 된다.

한국에 비해 어딜 가나 쉽게 화장실을 찾기 쉬운 편은 아니니 유적지나 박물관에서 화장실이 있다면 꼭 이용하도록 한다. 맥도널드나 스타벅스 같은 체인점은 고객만을 위해 비밀번호를 영수증에만 공개하기도 한다.

메트로 역 안에 화장실이 없다는 점은 꼭 유의하도록 하자. 최근 일부 버스 터미널 등에서는 30센트 정도의 비용을 받는 화장실도 생겼다.

Μαρία	안녕하세요. 방 열쇠를 반납하고 싶어요.

Καλημέρα σας. Θα ήθελα να επιστρέψω τα κλειδιά του δωματίου.

깔리메라 싸스. 따 이뗄라 나 에삐스트렙소 따 끌리디아 뚜 도마티우

Υπάλληλος	물론입니다. 방 번호가 어떻게 되나요?

Βεβαίως. Ποιο είναι το νούμερο του δωματίου σας;

베베오스. 피오 이네 또 누메로 뚜 도마티우 사스?

Μαρία	302호예요. 여기 열쇠 있습니다.

302. Εδώ είναι το κλειδί.

뜨리아 미덴 디오. 에도 이네 또 끌리디.

Υπάλληλος	정말 감사합니다. 저희 호텔에서 즐거운 시간 보내셨나요?

Σας ευχαριστώ πολύ. Περάσατε καλά στο ξενοδοχείο μας;

싸스 에프하리스또 뽈리 뻬라사떼 깔라 스또 크세노도히오 마스?

Μαρία	네. 매우 잘 지냈어요. 감사합니다.

Ναι. Πέρασα πολύ ωραία. Ευχαριστώ.

네. 뻬라싸 뽈리 오레아. 에프하리스또.

제가 지금 공항에 가고 싶은데요.

Θέλω να πάω στο αεροδρόμιο τώρα.

뗄로 나 빠오 스또 아에로드로미오 또라

혹시 호텔에서 제공하는 이동수단이 있나요?

Μήπως έχετε κάποια υπηρεσία μεταφοράς από το ξενοδοχείο;

미뽀스 에헤떼 까피아 이뻬레시아 메따포라스 아뽀 또 크세노도히오?

Υπάλληλος	네. 공항셔틀 서비스가 한 시간에 한 번 있습니다.

Ναι. έχουμε υπηρεσία airport-shuttle κάθε μία ώρα.

네. 에후메 이뻬레씨아 airport-shuttle 까떼 미아 오라.

지금은 세시 이십 분이니까 40분 기다리셔야 합니다.

Τώρα είναι 3.20, οπότε θα πρέπει να περιμένετε 40 λεπτά.

또라 이네 뜨리스 께 이꼬씨, 오뽀떼 따 쁘레삐 나 뻬리메네떼 사란다 렙따.

Μαρία	시간이 안 되네요. 여기서 공항까지 택시비는 얼마인가요?

Αχ, δεν προλαβαίνω. Πόσο κοστίζει το ταξί από εδώ μέχρι το αεροδρόμιο;

악, 덴 쁘롤라베노. 뽀쏘 꼬스띠지 또 딱시디 아뽀 에도 메흐리 또 아에로드로미오?

Υπάλληλος	45유로입니다.

Είναι 45 ευρώ.

이네 사란다뻰데 에브로.

Μαρία	좋아요. 택시를 불러주실 수 있나요?

Ωραία. Μπορείτε να καλέσετε ένα ταξί;

오레아. 보리떼 나 깔레쎄떼 에나 딱시?

Υπάλληλος	물론이지요. 택시는 5분 후에 여기 도착합니다.

Όπως θέλετε. Το ταξί θα είναι εδώ σε 5 λεπτά.

오뽀스 뗄레떼. 또 딱시 따 이네 에도 쎄 뻰데 렙따.

να επιστρέψω [나에삐스트렙소] 내가 반납하기를: επιστρέφω (반납하다) 동사의 접속법 1인칭 단수

περάσατε [뻬라사떼] 당신들이 (시간을) 보냈다: περνάω (시간을 보내다) 동사의 2인칭 복수 단순과거시제)

πέρασα [뻬라싸] 내가 (시간을) 보냈다: περνάω (시간을 보내다) 동사의 1인칭 단수 단순과거시제

να πάω [나 빠오] 내가 가기를: πηγαίνω (가다) 동사의 접속법 1인칭 단수

κάθε [까떼] 각각, 매

να περιμένετε [나 뻬리메네떼] 당신은 기다려야: περιμένω(기다리다) 동사의 접속법 2인칭 복수

προλαβαίνω [쁘롤라베노] 시간안에 ~를 해내다

να καλέσετε [나 깔레쎄떼] 당신이 불러 줄: καλώ(부르다) 동사의 접속법 2인칭 복수

όπως [오뽀스] ~처럼, ~대로

생생 여행
Tip

•SIM카드 구입하기

요즘에는 모든 일을 스마트폰으로 해결하고 해외에서 정보를 얻기 위해서는 모바일 데이터 SIM카드는 필수이다. 한국에서 준비가 되지 않았다면 그리스 현지에서 준비할 수도 있다.

보통 공항에서 빠르게 인터넷 등을 사용하기 위해 SIM카드를 구입하는 경우가 많다. 다만 공항에서 구입하면 시내에서 구입하는 것보다 가격이 두 배 이상 차이가 날 수 있으니, 아테네 시내에서 구입하는 것을 추천한다. 만약 여행일정이 바로 아테네로 들어가는 것이 아니라면 한국에서 데이터만 사용 가능한 SIM카드나 eSIM을 구입하는 것도 비용 대비 좋은 선택이다.

다만 현지에서 전화를 걸거나 문자를 사용해야 한다면 그리스 현지 SIM카드를 구입하여 필요한 만큼 충전하고, 필요한 데이터, 통화, 문자를 구입하여 사용하는 것이 좋다. 그리스에는 cosmote, vodafone 등의 이동통신 회사가 있다. 여름 시즌에는 SIM카드 1+1행사나 무제한 데이터 요금제 행사를 하기도 한다.

호텔

Θέλω να κάνω check-out.	체크아웃 하고 싶습니다.
Ποιο είναι το νούμερο του δωματίου;	방 번호가 무엇입니까?
Πείτε μου τον αριθμό του δωματίου και το ονοματεπώνυμό σας.	방 번호와 성함을 말씀해 주세요.
Υπάρχει υπηρεσία μεταφοράς μέχρι το αεροδρόμιο;	공항까지 가는 셔틀버스가 있나요?
Μπορείτε να μας καλέσετε ένα ταξί;	택시를 불러 주실 수 있나요?
Θέλω να πληρώσω.	(방 값을) 지불하고 싶어요.
Πόσο είναι;	얼마인가요?
Μπορώ να πληρώσω με κάρτα;	신용카드로 지불 가능한가요?
Μπορείτε να μας προτείνετε κάποια αξιοθέατα;	관광지를 추천해 주실 수 있나요?
Μπορώ να πάρω έναν χάρτη της πόλης;	지도를 얻을 수 있을까요?

팁	(το) φιλοδώρημα 필로도리마
온수	ζεστό νερό 제스또 네로
냉수	κρύο νερό 끄리오 네로
창문	(το) παράθυρο 빠라띠로
소음	(ο) θόρυβος 또리보스
편한	άνετος/άνετη/άνετο 아네또스/아네띠/아네또
불편한	άβολος/άβολη/άβολο 아볼로스/아볼리/아볼로
고장난	χαλασμένος/χαλασμένη/ χαλασμένο 할라즈메노스/할라즈메니/할라즈메노
발코니	(το) μπαλκόνι 발코니
열쇠	(το) κλειδί 끌리디
공항	(το) αεροδρόμιο 아에로드로미오
항구	(το) λιμάνι 리마니
택시	(το) ταξί 딱시

그리스 공휴일과 행사

그리스의 공휴일은 크게 종교 기념일과 국가 공휴일로 나누어 볼 수 있다. 해마다 부활절이 언제인가에 따라 앞뒤로 종교 기념일 날짜가 달라진다고 생각하면 편리하다. 특히 3월 25일은 그리스의 독립기념일이자 성모희보일로 국가 공휴일과 종교축일이 겹치는 날이다. 그 외에 각 지역별로 대표 성인을 기념하는 날에 지역 공휴일이 있다. 공휴일 전날 학교에서는 반일 휴일(ημιαργία)을 먼저 시작하여 12시까지만 수업을 운영하기도 한다.

1월	1일: 새해 첫 날 πρωτοχρονιά 6일: 주현절 Θεοφάνεια	6월	*성령 강림절 Αγίου Πνεύματος *오순절 Πεντηκοστή
2월	*정결한 월요일 Καθαρά Δευτέρα	8월	15일: 성모 안식일 Κοίμηση της Θεοτόκου
3월	25일: 독립기념일 Επέτειος της Επανάστασης του 1821 성모희보일 Ευαγγελισμός της Θεοτόκου	10월	28일: 오히메라 Ημέρα του Όχι
4월	*부활절 성 금요일/*부활절 성 토요일 *부활절/*부활절 다음 월요일	12월	25일: 크리스마스 Χριστούγεννα 26일: Σύναξη της Θεοτόκου
5월	1일: 노동절 Πρωτομαγιά		

*이 표시된 공휴일은 그리스정교 관련 기념일이고 앞에 *가 붙은 날은 율리우스력으로 한국의 음력과 같이 해마다 날짜가 변동되는 공휴일이다.

4

맛집 즐기기

식당에서 주문하기
카페에서 주문하기
식당 예약하기
계산하기

Σερβιτόρα	안녕하세요. 뭘 주문하시겠어요?
	Καλημέρα σας. Παρακαλώ;
	갈리메라 사스. 빠라갈로?
Γιάννης	안녕하세요. 오늘 어떤 음식이 있나요?
	Γεια σας. Τι έχει σήμερα;
	야 싸스. 띠 에히 씨메라?
Σερβιτόρα	주문에 따라 구워드리는 음식으로는 수블라키, 돼지고기, 닭고기 스테이크, 함박스테이크가 있어요.
	Έχει «της ώρας», σουβλάκι, μπριζόλα χοιρινή και κοτόπουλο, μπιφτέκι...
	에히 띠스 오라스, 수브라끼 브리졸라 히리니 께 꼬또뿔로, 비프테끼...
Γιάννης	가정식 요리에는 뭐가 있나요?
	Από μαγειρευτά;
	아뽀 마기렙따?
Σερβιτόρα	무사카, 콩껍질요리와 예미스타가 있어요.
	Έχουμε μουσακά, φασολάκια και γεμιστά.
	에후메 무사카, 파솔라끼아 께 예미스타.

Γιάννης	저는 돼지고기 스테이크와 감자로 할게요.

Θα ήθελα μια μπριζόλα χοιρινή με πατάτες.

따 이뗄라 미아 브리졸라 히리니 메 빠따떼스.

Σερβιτόρα	알겠습니다. 마실 건 뭘로 하시겠어요?

Εντάξει. Θα πιείτε κάτι;

엔닥시. 따 피이떼 까띠?

Γιάννης	미토스 맥주 하나 주세요.

Μια μπύρα «μύθος», παρακαλώ.

미아 비라 미또스 빠라갈로.

της ώρας [띠스 오라스] 즉석의

(το) σουβλάκι [수블라끼] 수블라키

(η) μπριζόλα χοιρινή [브리졸라 히리니]
돼지고기 스테이크

(το) κοτόπουλο [꼬또뿔로] 닭고기

(το) μπιφτέκι [비프테끼] 햄버그 스테이크

(τα) μαγειρευτά [마기렙따] 요리 된 음식

(ο) μουσακάς [무사카스] 무사카스

(τα) φασολάκια [파솔라키아] 파솔라키아

(η) γεμιστά [예미스따] 예미스타

θα ήθελα~ [따 이뗄라~] 저는 ~을/를 원해요

με [메] ~와

(οι) πατάτες [빠따떼스] 감자

εντάξει. [엔닥시] 알겠습니다.

θα πιείτε [따 피이떼] 당신/여러분은 마실 것이다:
πίνω (마시다) 동사의 단순미래시제 2인칭 복수

κάτι [까띠] 어떤 것

(η) μπύρα/μπίρα [비라] 맥주

●그리스의 스트리트 푸드 수블라키 σουβλάκι

식당에 가는 것보다 저렴한 가격으로 주머니가 가벼운 관광객들의 사랑을 받는 음식이 수블라키이다.

최근 관광지에는 가격이 많이 오르고 있긴 하지만 여전히 저렴하게 한 끼를 해결할 수 있는 음식으로 이만한 것이 없다.

수블라키라는 이름도 있지만 **τυλιχτά**(띨릭따), **πίτα γύρο**(삐따 기로) 등의 이름으로도 불리며 보통 돼지고기와 닭고기 중에 선택하고 소스, 감자튀김, 토마토, 양파가 들어간다 모든 재료를 다 넣고 먹고 싶으면 **από'λα** (아뿔라)라고 한다. 빼고 싶은 재료가 있으면 **χωρίς** '재료이름'을 말하면 된다. 가게에 따라 양고기 등 다양한 종류의 고기로 수블라키를 만들어 주는 곳도 있다.

Τι είναι το πιατό της ημέρας;	오늘의 메뉴는 무엇인가요?
Ποιο είναι το σπεσιαλιτέ σας;	이 식당의 스페셜 메뉴는 무엇인가요?
Μπορείτε να μας προτείνετε πιάτα;	음식을 추천해 주실 수 있나요?
Μπορούμε να έχουμε έναν κατάλογο;	메뉴 좀 볼 수 있을까요?
Θα ήθελα να πληρώσω.	계산하고 싶습니다.
Θέλετε κάτι άλλο;	더 필요한 건 없으세요?
Μπορείτε να μας φέρετε χαρτοπετσέτες;	냅킨 좀 주시겠어요?
Μπορείτε να μας φέρετε ψωμί;	빵 좀 더 주시겠어요?
Καλή όρεξη.	맛있게 드세요.
Θέλω να το πάρω σε πακέτο.	포장해 주세요.
Πώς ήταν το φαγητό;	음식은 어떠셨나요?
Πού είναι η τουαλέτα;	화장실이 어디인가요?
Είναι αριστερά από την κουζίνα.	부엌에서 왼편에 있습니다.

어휘
플러스

샐러드류	(οι) σαλάτες 살라떼스
애피타이저, 전체요리	(τα) ορεκτικά 오렉띠까
메제(작은 접시에 나오는 곁들임 음식)	(οι) μεζέδες 메제데스
메인요리	(τα) κύρια πιάτα 끼리아 피아따
디저트	(τα) επιδόρπια 에삐도르피아
해산물	(τα) θαλασσινά 쌀라씨나
생선	(τα) ψάρια 프사리아
칼라마리	(το) καλαμάρι 깔라마리
새우	(οι) γαρίδες 가리데스
홍합	(τα) μύδια 미디아
쇠고기	(το) μοσχάρι 모스하리
양고기	(το) αρνί 아르니
닭고기	(το) κοτόπουλο 꼬또뿔로
돼지고기	(το) χοιρινό 히리노
치즈	(το) τυρί 띠리
음료수	(τα) αναψυκτικά 아나프식띠까
주류	(τα) ποτά 뽀따
콜라	(η) κοκακόλα 꼬까꼴라
탄산수	(το) ανθρακούχο νερό 안뜨라꾸호 네로
와인	(το) κρασί 끄라씨
맥주	(η) μπύρα/μπίρα 비라

그리스의 식사문화

그리스인들의 식문화는 단지 음식을 먹는 행위를 넘어서 그 음식을 나누고 그 시간을 공유하는 전반적인 경험에 중점을 둔다. 한국에 비해 혼밥 문화가 흔하지 않고, 연중 가족과 친구들끼리 만나 함께 식사를 나눌 이유를 제공하는 날들이 꽤 많다(정결한 월요일, 치크노 뺌띠(부활절 전 40일동안 고기를 금식 기간 전에 고기를 마음껏 먹을 수 있는 날), 부활절, 크리스마스 등). 우리가 흔히 건강 다이어트 식단이라고 알고 있는 지중해 식단은 특정 음식 뿐만 아니라 신체적 활동, 먹는 것을 함께 나누며 소통하는 시간까지 모두 포함한다. 함께하는 식사 시간을 통해 좋은 음식을 먹는 것을 넘어서 정서적 위로를 받고 안정감을 찾을 수 있는 기능이 있다.

그리스인들이 대화를 하는 시간도 주로 식사 시간이다. 밥먹는 일에 집중하기 보다는 대화를 하며 음식을 곁들이는 것 같이 보이기도 한다. 그리스에서 식사를 한다면 여유로운 마음으로 함께한 사람과 풍부한 대화와 소통을 통해 마음까지 함께 채워보기 바란다.

Σερβιτόρος	안녕하세요 어떤 것을 주문하시겠어요?

Καλημέρα σας. Τι να σας φέρουμε;

깔리메라 싸스. 띠 나 싸스 페루메?

Μελίνα	메뉴 좀 주시겠어요?

Έναν κατάλογο, παρακαλώ.

에난 까딸로고, 빠라갈로.

Σερβιτόρος	여기 있습니다.

Ορίστε.

오리스떼.

5분 후

-μετά από 5 λεπτά

메따 아뽀 뻰데 렙따

Σεβριτόρος	(주문할) 준비 되셨나요?

Είστε έτοιμες;

이스떼 에띠메스?

Μελίνα	네, 저는 프레도 카푸치노 설탕 중간정도 넣은 것 한 잔이랑 바닐라 케이크 하나로 할게요.

Ναι, θα πάρω ένα φρέντο καπουτσίνο μέτριο και ένα κέικ βανίλιας.

네, 따 빠로 에나 프레도 카푸치노 메뜨리오 께 에나 께일 바닐랴스.

Ειρήνη	저는 그릭커피 달게 한 잔 주세요.

Εγώ θα ήθελα έναν ελληνικό καφέ γλυκό.

에고 따 이쎌라 에난 엘리니꼬 카페 글리꼬.

Σεβριτόρος	좋습니다! 다른거 더 필요하신가요?
	Πολύ ωραία! Θέλετε κάτι άλλο;
	뽈리 오레아! 뗄레떼 까띠 알로?
Ειρήνη	아뇨, 괜찮습니다
	Όχι, είμαστε εντάξει.
	오히, 이마스떼 엔닥시.
Μελίνα	아! 화장실은 어딘가요?
	Α! Πού είναι η τουαλέτα;
	아! 뿌 이네 이 뚜알레따?
Σεβριτόρος	큰 거울 옆에 있습니다.
	Είναι δίπλα στον μεγάλο καθρέφτη.
	이네 디쁠라 스똔 메갈로 까트레프띠.
Μελίνα	감사합니다.
	Ευχαριστώ πολύ.
	에프하리스또 뽈리.

(ο) κατάλογος [까딸로고스] 메뉴

(το) φρέντο καπουτσίνο [프렌도 카푸치노] 아이스 카푸치노

(ο) ελληνικός (καφές) [엘리니꼬스 (까페스)] 그릭커피

(το) κέικ βανίλιας [케익 바닐랴스] 바닐라 케이크(그리스에서 케이크는 파운드 케이크를 의미)

(η) τουαλέτα [뚜알레따] 화장실

(ο) καθρεύτης [가뜨렙띠스] 거울

μέτριος/α/ο [메뜨리오스/메뜨리아/메뜨리오] 중간

γλυκός/ιά/ό [글리꼬스/글리끼아/글리꼬] 달콤한

생생 여행
Tip

●상점 운영 시간

그리스는 보통 일요일에 슈퍼마켓이나 상점들이 문을 열지 않는다. 최근 약간의 변화가
생겨 일요일에도 영업을 하는 날도 있고, 미니마켓이나 일요일에 문을 여는 슈퍼마켓들
도 생겼다. 하지만 아테네 같은 큰 도시가 아닌 경우는 여전히 주말에 문을 닫는 경우가
대부분이고, 여름에는 2시부터 6시정도까지 문을 닫았다가 다시 열기도 하므로 장을 봐
야 하거나 필요한 물건이 있을 때는 주말이 되기 전에 신경 써야 한다.

Θέλω έναν καφέ φίλτρου στο χέρι.	필터커피 한 잔 포장할게요.
Είστε έτοιμος/έτοιμη για παραγγελία;	주문할 준비 되셨나요?
Μπορώ να πληρώσω;	계산 할 수 있나요?
Έναν κατάλογο, παρακαλώ.	메뉴 좀 주시겠어요?
Θα ήθελα έναν/μια/ένα~ / Θα πάρω έναν/μια/ένα~	~를 주문할게요.
δεξιά	오른쪽
αριστερά	왼쪽
εκεί	저기
μπροστά	앞
πίσω	뒤

그릭커피	(ο) ελληνικός καφές	엘리니꼬스 까페스
필터커피	(ο) καφές φίλτρου, (ο) γαλλικός καφές	까페스 필뜨루, 갈리꼬스 까페스
네스카페	νεσκαφέ	네스까페
프라페	(ο) φραπές	프라뻬스
에스프레소	(το) εσπρέσσο	에스쁘레소
카푸치노	(το) καπουτσίνο	카푸치노
핫초코	(η) ζεστή σοκολάτα	제스띠 소꼴라따
아이스크림	(το) παγωτό	빠고또
아이스티	(το) παγωμένο τσάι	빠고메노 차이
따뜻한 차	(το) ζεστό τσάι	제스또 차이
우조	(το) ούζο	우조
주문	(η) παραγγελία	빠랑겔리아
디저트	(το) επιδόρπιο	에삐도르피오
설탕 없이/설탕 중간/ 달게	σκέτος/ μέτριος / γλυκός	스께또스/메뜨리오스/글리꼬스
우유 없이	χωρίς γάλα	호리스 갈라
우유를 넣어	με γάλα	메 갈라
생과일 주스	(ο) φρέσκος χυμός	프레스코스 히모스
오렌지 주스	χυμός πορτοκάλια	히모스 뽀르또깔라
샌드위치	(το) σάντουιτς	산두이츠
물	(το) νερό	네로
우유	(το) γάλα	갈라
홈메이드 레몬에이드	(η) σπιτική λεμονάδα	스삐띠끼 레모나다
얼음	(το) παγάκι	빠가끼

그리스의 카페문화

그리스인의 커피사랑은 각별하다. 커피를 마시며 대화를 나누는 것을 좋아하고 커피 한 잔을 곁들인 대화는 한참이나 이어진다. 카페에서 보내는 시간은 그리스인에게 소통과 친교를 의미한다. 한국의 카페들은 공부나 일을 하는 사람들이 꽤 많은데, 그리스에서는 친구들과 함께 카페를 찾아 대화에 집중하는 사람들이 대부분이다.

그리스인들은 더운 여름에도 실내 자리보다는 테라스에서 바깥 공기를 마시며 커피타임을 가지는 것을 즐긴다. 한여름에 에어컨 바람을 기대하고 실내 자리에 들어간다고 해도 우리가 생각하는 만큼 에어컨을 시원하게 틀지 않고 자연바람이 통하도록 창문과 문을 열어 두고 운영하는 곳이 많다. 이때는 차라리 테라스 그늘자리가 훨씬 더 시원하다. 최근 그리스의 커피 문화는 유행의 흐름에 발맞춰 훨씬 다양해지고 가게마다 개성이 넘친다. 아테네는 커피 문화를 이끌어가고 있다고 해도 과언이 아니니 그 곳만의 분위기를 담아 한국과는 다른 카페문화를 느낄 수 있다.

Υπάλληλος	여보세요. 암브로시아 레스토랑입니다.
	Παρακαλώ. Το εστιατόριο «Αμβροσία».
	빠라갈로. 또 에스띠아또리오 암브로시아.
Σωτήρης	안녕하세요. 식사 예약을 하고 싶습니다.
	Γεια σας. Θα ήθελα να κλείσω ένα τραπέζι.
	야 사스. 싸 이쎌라 나 끌리쏘 에나 뜨라뻬지.
Υπάλληλος	언제 예약하고 싶으신가요?
	Πότε θέλετε να κάνετε κράτηση;
	뽀떼 뗄레떼 나 까네떼 그라띠시?
Σωτήρης	내일 저녁 아홉시요.
	Αύριο το βράδυ στις 9.
	아브리오 또 브라디 스띠스 에네아.
Υπάλληλος	인원이 어떻게 되십니까?
	Πόσα άτομα είστε;
	뽀사 아또마 이스떼?
Σωτήρης	두 명입니다.
	Είμαστε δύο.
	이마스떼 디오.
Υπάλληλος	알겠습니다. 내일 저녁 아홉시, 두 명.
	Ωραία. Αύριο στις 9 το βράδυ, δύο άτομα.
	오레아. 아브리오 스띠스 에네아 또 브라디, 디오 아또마.
	성함과 전화번호를 말씀해 주시겠어요?
	Δώστε μου παρακαλώ το ονοματοεπώνυμό σας και ένα τηλέφωνο.
	도스떼 무 빠라깔로 또 오노마떼뽀니모 사스 께 에나 띨레포노.

Σωτήρης　제 이름은 소띠리스 야나키스이고 전화번호는 6778821004입니다.

Λέγομαι Σωτήρης Γιαννάκης και το τηλέφωνο είναι 6978821004.

레고메 소띠리스 야나키스 께 또 띨레포노 이네 엑시 에네아 에프타 오그돈다 옥또 이꼬시 에나 미덴 미덴 떼쎄라.

Υπάλληλος　소띠리스 야나키스 씨, 그리고 전화번호는 6978821004, 맞나요?

Κύριος Σωτήρης Γιαννάκης, και το τηλέφωνο είανι 6978821004, σωστά;

끼리오스 소띠리스 야나키스, 께 또 띨레포노 이네 엑시 에네아 에프타 오그돈다 옥또 이꼬시 에나 미덴 미덴 떼쎄라, 소스따?

Σωτήρης　네.

Ναι.

네.

Υπάλληλος　예약 되었습니다. 내일 뵙겠습니다

Έγινε η κράτηση. Θα σας δούμε αύριο.

에기네 이 끄라띠시. 따 싸스 두메 아브리오.

Σωτήρης　정말 감사합니다.

Ευχαριστώ πολύ.

에프하리스또 뽈리.

Υπάλληλος　저희가 감사드립니다.

Εμείς ευχαριστούμε.

에미스 에프하리스뚜메.

κλείνω ένα τραπέζι [끌리노 에나 뜨라뻬지] (내가) 식당을 예약하다(테이블을 예약하다)

να κλείσω [나 끌리쏘] 예약하고: **κλείνω** (예약하다) 동사의 접속법 1인칭 단수

(η) κράτηση [끄라띠씨] 예약

(το) άτομο [아또모] 인원/명

(το) ονοματοεπώνυμο [오노마떼뽀니모] 성명

(το) τηλέφωνο [띨레포노] 전화, 전화번호

λέγομαι 이름(주격) [레고메~] 제 이름은 ~라고 합니다.

•레스토랑에서 기본 주문

그리스 식당에서 자리에 앉으면 기본적으로 빵을 한 바구니 서빙하는데 쿠베르 (κουβέρ)라는 항목에 기본 빵 금액이 포함되며 1인당 금액으로 계산된다.

최근에는 쿠베르 없이 빵을 1개 가격을 주고 주문하는 곳이 많이 늘어났다. 메뉴판에 빵이 따로 올라와 있다면 주문 받는 사람이 빵이 필요하냐고 물을 것이다. 이때 빵을 따로 원하지 않으면 거절하면 된다. 생수의 경우 추가로 주문해야 한다. 도시에서는 수돗물을 마셔도 되므로 병에 들어있는 물을 따로 돈을 지불하고 마시고 싶지 않다면 νερό από τη βρύση[네로 아뽀 띠 브리시](수도꼭지에서 나오는 물)라고 요청하면 된다. 섬에서는 수돗물을 마실 수 없으므로 반드시 생수를 주문해야 한다.

Πείτε μου.	말씀하세요.
Πώς μπορώ να σας βοηθήσω;	무엇을 도와드릴까요?
Θα ήθελα να κάνω κράτηση.	예약을 하고 싶어요.
Πόσα άτομα είστε;	몇 분이신가요?
Θα ήθελα να κλείσω ένα τραπέζι για τέσσερα άτομα.	네 명 식사자리를 예약하고 싶어요.
Θα ήθελα να κλείσω ένα τραπέζι σήμερα στις οκτώ το βράδυ.	오늘 저녁 8시에 (예약을 하고 싶어요).
Θα ήθελα να κλείσω ένα τραπέζι αύριο στις εννέα το βράδυ.	내일 저녁 9시에 (예약을 하고 싶어요).
Θα ήθελα να κλείσω ένα τραπέζι το Σάββατο στις 10 Αυγούστου.	8월 10일 토요일에 (예약을 하고 싶어요).
Θα ήθελα να κλείσω ένα τραπέζι στο μπαλκόνι.	발코니 자리를 예약하고 싶어요.
Έγινε η κράτηση.	예약이 완료되었습니다.
Έχουμε κάνει κράτηση με το όνομα ( )	( )라는 이름으로 예약을 했습니다.

아침식사	**(το) πρωινό** 쁘로이노
저녁식사	**(το) βραδινό /(το) δείπνο** 브라디노/디쁘노
디저트, 후식	**(το) επιδόρπιο** 에삐도르피오
오늘의 메뉴	**(το) πιάτο ημέρας** 피아또 이메라스
스페샬메뉴	**Σπεσιαλιτέ του μαγαζιού** 스페씨알리떼 뚜 마가지우
셀프 서비스	**σελφ σέρβις** 셀프 세르비스
계산	**(η) πληρωμή** 쁠리로미
영수증	**(ο) λογαριασμός** 로가리아즈모스
팁	**(το) φιλοδώρημα** 필로도리마
재떨이	**(το) τασάκι** 따싸끼
식초	**(το) ξύδι** 크시디
소금	**(το) αλάτι** 알라띠
후추	**(το) πιπέρι** 삐뻬리

그리스가 궁금해

그리스 디저트

그리스 사람들은 디저트에 진심인 편이다. 친구 집에 초대를 받았을 때, 본인의 네임데이나 생일에 만나는 사람과 나누어 먹을 작은 디저트를 사가는 일이 흔하고, 크리스마스엔 흰 설탕가루가 뿌려진 쿠라비에(Κουραμπιέδες: 아몬드가루, 설탕, 견과류를 첨가한 반죽을 둥글납작하한 쿠키이며, 이란의 전통적인 디저트이다)와 계피향이 나는 멜로마카로나(Μελομακάρονο: 오렌지 제스트, 올리브오일, 코냑 등을 넣어 만든 쿠키)가 베이커리마다 가득하다.

맛집에 줄을 서는 일이 그리스에서는 흔하지 않지만 맛있는 멜로마카로나를 사기 위해선 기꺼이 줄을 선다. 물 한 잔 또는 그릭커피와 곁들이는 과일 설탕절임(γλυκό του κουταλιού), 테살로니키 명물 트리고나, 아침식사 대용으로 먹는 부가차, 잠수함이라는 이름이 붙은 디저트 이뽀브리히오(υποβρύχίο) 등 수많은 단 것들을 다양하게 접할 수 있다. 한국인의 입맛엔 너무 단 경우도 있지만 이것 저것 경험해 보면 내 입맛에 맞는 그리스 디저트 하나쯤은 찾을 수 있을 것이다.

Στέλλα	계산 할 수 있을까요?

Να πληρώσουμε;
나 쁠리로수메?

Σερβιτόρος	물론입니다. 카드로 결제하시나요 현금으로 결제하시나요?

Βεβαίως, θα πληρώσετε με κάρτα ή μετρητά;
베베오스, 따 플리로세떼 메 까르따 이 메뜨리따?

Στέλλα	카드로요.

Με κάρτα.
메 까르따.

Σερβιτόρος	알겠습니다. 잠시 기다려 주세요.

Εντάξει. Περιμένετε λίγο.
엔닥시. 뻬리메네떼 리고.

45유로입니다. 유로로 결제할까요 달러로 결제 할까요?

Είναι 45 ευρώ. Σε ευρώ ή δολάριο;
이네 사란다뻰데 에브로. 쎄 에브로 이 돌라리오?

Στέλλα	유로로 할게요.

Σε ευρώ.
쎄 에브로.

Σερβιτόρος	좋습니다. 여기 영수증입니다.

Ωραία. Εδώ η απόδειξή σας.

오레아. 에도 이 아뽀딕시 싸스.

이것은 저희 집에서 드리는 디저트입니다.

Και αυτό είναι το γλυκό από το σπίτι .

께 아프또 이네 또 글리꼬 아뽀 또 스삐띠

Στέλλα	정말 감사합니다.

Ευχαριστώ πολύ.

에프하리스또 뽈리

Σερβιτόρος	안녕히 가세요.

Να'στε καλά.

나스떼 깔라.

Να πληρώσουμε; [나 쁠리로쑤메?] 저희 계산
할 수 있나요?: **πληρώνω** (돈을 내다) 동사의 접속
법 1인칭 복수

(τα) μετρητά [메뜨리따] 현금

(η) κάρτα [까르따] 카드

περιμένετε [뻬리메네떼] 기다리세요:
περιμένω (기다리다) 동사의 현재시제 2인칭 복수

(η) απόδειξη [아뽀딕시] 영수증

생생 여행
Tip

● **해외 카드 결제시 통화 지정**

다른 나라도 마찬가지이지만 그리스에서 신용카드 결제를 할 때 현지 통화인 유로로 할지 달러로 할지 묻는 경우가 있다. 해외에서 이루어지는 모든 결제는 해당 국가 통화로 해야 이중 환전 수수료가 붙지 않는다.

그리스에서 결제할 때는 항상 유로로 결제하는 것을 잊지 말자. 아테네 같은 도시의 경우 예전과 달리 카드 사용이 훨씬 대중화 되었기 때문에 현금을 무리하게 가지고 다니는 것보다 카드를 사용하고 소액은 현금으로 쓰는 것을 추천한다.

한국에서 소액 환전을 해간다면 큰 단위보다는 5, 10, 20 유로로 준비해 가는 것이 좋다. 현지에서 50유로 이상의 돈은 거스름돈 받기가 쉽지 않다.

Πόσο είναι συνολικά;	모두 얼마 나왔나요?
Πόσο έχουν;	얼마예요?
Μπορείτε να πληρώσετε με κάρτα και με μετρητά.	결제는 현금과 카드로 가능합니다.
Μπορώ να πληρώσω με κάρτα;	카드로 지불할 수 있나요?
Θέλω να πληρώσω με μετρητά.	현금으로 지불하고 싶어요.
Βάλτε την υπογραφή σας εδώ.	여기에 서명을 해주세요
Γίνεται να πληρώσω σε δόσεις;	할부로 결제할 수 있나요?
Πόους μήνες θέλετε;	몇 개월로 원하십니까?
Τρεις μήνες, παρακαλώ.	3개월로 해주세요.

딜	(ο) άνιθος 아니쏘스
오레가노	(η) ρίγανη 리가니
파슬리	(το) μαϊντανο 마이다노
양파	(το) κρεμμύδι 끄레미디
오이	(το) αγγούρι 앙구리
마늘	(το) σκόρδο 스꼬르도
가지	(η) μελιτζάνα 멜리자나
시금치	(το) σπανάκι 스빠나끼
버섯	(το) μανιτάρι 마니따리
파	(το) κρεμμυδάκι 끄레미다끼
당근	(το) καρότο 까로또
양배추	(το) λάχανο 라하노
배추	(το) κινέζικο λάχανο 기네지꼬 라하노
토마토	(η) ντομάτα 도마따
호박	(η) κολοκυθά 꼴로끼따
숟가락	(το) κουτάλι 꾸딸리
포크	(το) πιρούνι 삐루니
칼	(το) μαχαίρι 마헤리
젓가락	(τα) ξυλαράκια 크실라라끼아
냄비	(η) κατσαρόλα 까차롤라
접시	(το) πιάτο 피아또
컵	(το) ποτήρι 뽀띠리
현금카드	χρεωστική κάρτα 흐레오띠끼 까르따
신용카드	πιστωτική κάρτα 삐스또띠끼 까르따

그리스 길거리 음식

길거리 음식이 한국처럼 다양한 것은 아니지만 아침에 흔하게 볼 수 있는 꿀루리와 도너츠를 파는 노점상과 견과류 리어카를 흔하게 볼 수 있다. 구운 옥수수도 대표적 길거리 음식 중 하나이다. 보통 겨울에나 볼 수 있던 루꾸마데스(λουκουμάδες)는 잘 상품화되어 루꾸마데스만 판매하는 가게가 생겨 일년내내 맛 볼 수 있다.

간단하게 식사를 때울 때는 Grigoris(Γρηγόρης)나 Everest 같은 체인점에서 커피나 샌드위치 샐러드 등을 사먹을 수 있다. 그리스 패스트푸드점인 구디스(Goody's)도 있다 간식으로는 그릭요거트, 요거트 아이스크림, 젤라또를 파는 가게가 많다. 과일이 저렴한 그리스에서 생과일 주스를 다양하게 즐기는 것도 좋다.

5

교통

πελάτισσα	안녕하세요.

Γεια σας.

야 사스.

οδηγός	안녕하세요. 어디로 가시나요?

Καλημέρα. Πού θέλετε να πάτε;

깔리메라. 뿌 뗄레떼 나 빠떼?

Πελάτισσα	고고학 박물관으로 가주세요. 요금이 얼마나 나오나요?

Πάμε στο Αρχαιολογικό Μουσείο. Πόσο περίπου κοστίζει;

빠메 스또 아르헤올로기꼬 무씨오. 뽀쏘 뻬리뿌 꼬스띠지?

οδηγός	여기서부터는 7유로정도 나올겁니다.

Από εδώ θα βγει περίπου 7 ευρώ.

아뽀 에도 따 브기 뻬리뿌 에프따 에브로.

Οδηγός	안녕하세요. 신다그마에 가시네요.

Γεια σας. Πάτε στο Σύνταγμα.

야 사스. 빠떼 스또 신다그마.

Πελάτισσα	네

Ναι.

네.

οδηγός	네비게이션대로 가겠습니다.

Θα πάω όπως δείχνει η πλοήγηση.

따 빠오 오뽀스 디흐니 이 쁠로이기씨.

Πελάτισσα	알겠습니다.

ωραία.

오레아.

잠시 후(-σε λίγο)

Πελάτισσα 여기서 내릴게요.

θα κατεβώ εδώ.

따 까떼보 에도.

Οδηγός 네. 신호등에서 멈추겠습니다.

Ναι. θα σταματήσω στο φανάρι.

네. 따 스따마띠쏘 스또 파나리.

Πελάτισσα 결제는 앱에서 될거예요.

Η πληρωμή θα γίνει μέσω εφαρμογής.

이 쁠리로미 따 기니 메소 에파르모기스.

οδηγός 알겠습니다. 감사합니다.

Εντάξει. Ευχαριστώ πολύ.

엔닥시. 에프하리스또 뽈리.

Πελάτισσα 저도 감사합니다. 좋은 하루 되세요.

Κι εγώ ευχαριστώ. Καλή σας μέρα.

끼 에고 에프하리스또.깔리 싸스 메라.

δείχνει [디흐니] (~가) 보여주다, **δείχνω** (보여주다) 동사의 현재시제 3인칭 단수

θα κατεβώ [따 까떼보] (나는) 내릴 것이다: **καταβαίνω** (내리다) 동사의 단순미래시제 1인칭 단수

θα σταματήσω [따 스따마띠쏘] (나는) 멈출 것이다: **σταματάω** (멈추다) 동사의 단순미래 1인칭 단수

(το) φανάρι [파나리] 신호등

(η) πληρωμή [쁠리로미] 결제

θα γίνει [따 기니] ~가 될 것이다: **γίνομαι** (~가 되다, 이루어지다) 동사의 단순미래시제 3인칭 단수

μέσω + 소유격 명사 [메쏘 ~] ~를 통해서

(η) εφαρμογή [에파르모기] 어플리케이션

● 그리스에서 택시 이용하기

공항에서 시내까지 택시 요금이 고정되어있다. 아테네 공항에서 시내지역은 편도 40유로, 테살로니키는 25유로이다. 밤 12시부터 새벽 5시까지는 할증이 붙어 아테네는 55유로, 테살로니키는 35유로를 받는다.

시내에서 택시를 이용할 때 직접 택시를 잡아 이용할 수 도 있지만 요즘은 우버나 택시비트 등의 앱을 통해 택시를 불러 이용하는 것이 일반화되어 카드를 앱에 등록하고 출발지와 도착지를 설정하면 많은 설명을 하지 않고도 편리하게 택시를 이용할 수 있다. 그리스 택시 기본요금은 2022년 여름 이후 4유로로 인상되었으니 너무 가까운 거리는 택시를 이용하는 것이 손해일 수 있다.

Έχω μία μεγάλη βαλίτσα	큰 캐리어가 하나 있어요.
Μπορείτε να ανοίξετε το πορτ μπαγκάζ;	트렁크를 좀 열어주시겠어요?
Πού θέλετε να πάτε;	어디로 가세요?
Θέλω να πάω στον σιδηροδρομικό σταθμό.	기차역에 가고 싶어요.
Πάμε στο Σύνταγμα.	신다그마로 갑시다.
Πόσα λεπτά χρειάζονται μέχρι να φτάσουμε;	여기서 얼마나 걸리나요?
Παίρνει περίπου 20 λεπτά.	20분쯤 걸립니다.

택시기사	(ο) ταξιτζής/ (η) ταξιτζού 딱시지스/ 딱시주
탑승객	(ο) επιβάτης 에삐바띠스
미터기 요금	(η) ταρίφα 따리파
영수증	(η) απόδειξη 아뽀딕시
택시비	κόστος για ταξί 꼬스또스 야 딱시
주소	(η) διεύθυνση 디에프띤시
기차역	(ο) σιδηροδρομικός σταθμός 시디로드로미꼬스 스타뜨모스
항구	(το) λιμάνι 리마니
오토바이	(η) μηχανή 미하니
자전거	(το) ποδήλατο 뽀딜라또
자동차	(το) αυτοκίνητο/(το) αμάξι 아프토끼니또/아막시
지하철	(το) μετρό 메뜨로
트롤레이	(το) τρόλλεϊ 뜨롤레이
자동차 번호판	(η) πινακίδα αυτοκινήτου 삐나끼다 아프또끼니뚜
캐리어	(η) βαλίτσα 발릿짜
트렁크	(το) πορτ μπαγκάζ 포르트 바가즈

우리가 몰랐던 형제의 나라

한국과 그리스는 역사적으로 공통점이 많아 서로 공감할 수 있는 부분들이 많다. 한국의 일제 시대와 그리스의 터키지배시대, 독립을 위한 투쟁, 이념 갈등에서 비롯된 내전같이 비슷한 역사적 아픔을 가지고 있는 것은 신  기할 정도로 닮아 있다. 그리고 또 하나의 사실, 그리스는 한국에게 형제의 나라이다. 그리스가 6.25전쟁 참전국이라는 사실은 아는 사람들은 많지 않은데, 1950년 6.25 전쟁 당시 유엔 참전국 중 그리스는 다섯 번째로 많은 병력을 지원했다. 6.25 참전은 그리스가 유엔에서 최초로 맡은 연합군 임무였다. 유엔을 통해 정당한 이유 없는 공격에 대한 대응을 하는 것이 자국의 이익에도 부합한다고 생각했기 때문이기도 하지만 그리스는 인구가 많은 나라도 아니었고 당시 한국과 그리스는 수교상태가 아니었기 때문에 쉬운 결정이 아니였을 것이다. 게다가 6.25전쟁 참전 직전 그리스도 내전을 겪었기 때문에 국내상황도 좋지 않았을 시기에 기꺼이 먼 한국으로 지원 병력을 보냈다.

그리스 원정군은 고향 그리스와 한참이나 먼 낯선 곳에서 맞서 싸웠다. 6.25 당시 전투에서 그리스 군대는 뛰어난 작전 준비 태세와 성과로 유명했다고 한다. 그리스 원정군은 한국전쟁에서의 영웅적인 활약을 인정받아 대한민국 대통령과 미국 대통령으로부터 명예로운 훈장을 받았다. 경기도 여주 영월공원에는 그리스 원정군의 희생을 기리기 위한 기념비가 세워져 있다.

Πέτρος	안녕하세요. 델피에 가는 버스가 얼마나 자주 있나요?

Καλημέρα σας. Κάθε πότε υπάρχει λεωφορείο για τους Δελφούς;

깔리메라 싸스. 까떼 뽀떼 이빠르히 레오포리오 야 뚜스 델푸스?

Υπάλληλος	하루에 5번 운행 됩니다. 오전에 3회, 오후에 2회 있어요.

Έχει πέντε δρομολόγια κάθε μέρα, 3 στις πρωινές ώρες και 2 στις απογευματινές ώρες.

에히 뻰데 드로몰로기아 까떼 메라, 뜨리아 스띠스 쁘로이네스 오레스 께 디오 스띠스 아뽀예브마띠네스 오레스.

언제 여행하실 생각이신가요?

Πότε θέλετε να ταξιδέψετε;

뽀떼 뗄레떼 나 딱시뎁세떼?

Πέτρος	내일 2시 이후에요.

Αύριο μετά τις 2.

아브리오 메따 띠스 디오.

Υπάλληλος	두시 이후에는 버스운행이 두 번 있는데 세시와 다섯시 반입니다.

Μετά τις 2 έχει δύο δρομολόγια, στις 3 και 5.30.

메따 띠스 디오 에히 디오 드로몰로기아, 스띠스 뜨리스 께 뻰데 께 미씨.

Πέτρος	시간이 얼마나 걸리나요?

Πόσες ώρες διαρκεί το ταξίδι;

뽀쎄스 오레스 디아르끼 또 딱시디?

Υπάλληλος	약 두 시간 반정도 걸립니다.

Περίπου δυόμιση ώρες.

뻬리뿌 디오미씨 오레스.

Πέτρος	그러면 3시 버스를 탈게요.

Οπότε θα πάρω το λεωφορείο στις 3.

오뽀떼 따 빠로 또 레오포리오 스띠스 뜨리스.

Υπάλληλος	알겠습니다. 35유로입니다.

Μάλιστα. Είναι 35 ευρώ.

말리스따. 이네 뜨리안다 뻰데 에브로.

(το) λεωφορείο [레오포리오] 버스

(το) δρομολόγιο [드로몰로기오] 운행 시간, 경로

να ταξιδέψετε [나 딱시뎁세떼] 당신은 여행하실: **ταξιδεύω** (여행하다) 동사의 접속법 2인칭 복수

διαρκεί [디아르끼] 지속되다, **διαρκώ** (지속되다) 동사의 현재시제 3인칭 단수

(το) ταξίδι [딱시디] 여행

θα πάρω [따 빠로] (내가) ~를 타다: **παίρνω** (가지고 가다, 사다 등)동사의 미래시제 1인칭 단수

παίρνω + 교통수단 : ~를 타다

•시외 버스와 기차여행

그리스의 각 지역으로 이동할 때 해당 지역에 공항이 있다면 국내선을 이용할 수 있고, 시외버스를 이용할 수도 있다. 그리스의 시외버스 크텔은 육로이동 뿐만 아니라 이오니아해의 섬으로 가는 노선도 있다. 아테네에서 출발하는 KTEL버스를 타면 케팔로니아(Νομός Κεφαλληνίας), 케르키라(Κέρκυρα) 등 이오니아해의 섬까지 갈 수 있는데 버스 표에 배 값이 포함되어 있고 중간에 항구에서 배로 갈아탔다가 섬에 도착하면 다시 버스를 타고 목적지까지 가는 방식이다. 한국과는 조금 다르지만 커피와 간식, 음식, 지역특산품이 있는 휴게소가 곳곳에 있다. 대부분의 도시간 이동은 시외버스 크텔(ΚΤΕΛ)을 통해 쉽게 할 수 있으나, 소도시나 작은 마을은 아무래도 렌터카가 유용하다.

그리스는 우리나라처럼 전국으로 철도망이 뻗어 있지 않고 빠뜨라-아테네-테살로니키를 잇는 단 하나의 라인밖에 없다. 그래서 그리스에서 기차는 유럽 내 다른 국가에 비해 불편한 수단으로 여겨져 왔다. 하지만 현재 여러 기반 시설 확충과 고속철도 도입 등 차츰 개선되고 있다. 아테네-테살로니키 구간을 기차로 가장 흔히 이용한다.

그리스 철도 예약

All Aboard!

Πού ειναι ο χώρος για τις βαλίτσες;	짐 두는 곳이 어딘가요?
Ανεβείτε στο λεωφορείο.	버스에 승차하십시오.
Κατεβείτε από το λεωφορείο.	버스에서 내리십시오.
Έχασα το λεωφορείο.	버스를 놓쳤어요.
Πότε έχει το εμόμενο λεωφορείο προς ( );	( )로 가는 다음 버스가 언제 있나요?
Τι ώρα αρχίζει η επιβίβαση;	탑승은 몇 시에 시작되나요?
Πού μπορώ να δω το δρομολόγιο για τα Μετέωρα;	메테오라로 가는 버스 시간표를 어디서 볼 수 있나요?
Πόσο κάνει το εισιτήριο για το Ναύπλιο;	나플리오로 가는 표가 얼마인가요?
Εδώ είναι ο σταθμός Κηφισού;	여기가 키피수 시외버스 터미널인가요?

승객	(ο) επιβάτης /(η) επιβάτισσα 에삐바띠스/에삐바띠싸
버스 운전기사	(ο) οδηγός λεωφορείου 오디고스 레오포리우
버스 차선	(η) λωρίδα λεωφορείου 로리다 레오포리우
대형 버스	(το) πούλμαν 뿔만
이층 버스	(το) διώροφο λεωφορείο 디오로포 레오포리오
야간버스	(το) νυχτερινό λεωφορείο 닉떼리노 레오포리오
버스 루트	(το) δρομολόγιο λεωφορείου 드로몰로기오 레오포리우
승차	(η) επιβίβαση 에삐비바씨
하차	(η) αποβίβαση 아뽀비바씨
환승	(η) μετεπιβίβαση 메떼삐비바씨
종점	(ο) τερματικός σταθμός 떼르마띠꼬스 스따스모스
고속도로 휴게소	(ο) Σταθμός Εξυπηρέτησης Αυτοκινητιστών 스따스모스 엑시삐레띠시스 아프또끼니똔

생일보다 중요한 네임데이

그리스가 궁금해

그리스인 친구가 있다면 생일뿐만 아니라 네임데이를 찾아 축하해 보자. 이름은 그리스인의 삶에서 특별하고 중요한 부분이다. 헤라클레스, 오디세우스, 알렉산더, 소크라테스, 플라톤 등 영웅, 성인, 신화 속 인물들의 놀라운 이름이 오랜 세월을 거쳐 전해져 오며 상당수는 시간이 지나도 거의 변하지 않고 오늘날에도 여전히 이름으로 사용되고 있다. 손자, 손녀가 할아버지, 할머니의 이름을 그대로 받아쓰는 전통 때문에 그리스인들은 같은 이름을 쓰는 사람들이 많아 이러한 네임데이가 존재할 수 있다. 그리스인들은 네임데이를 생일보다 중요하고 기억하기 쉬운 날로 생각한다. 그리스어로는 ονομαστική εορτή(이름 축일, 네임데이)이라 불린다.

네임데이가 되면 본인의 네임데이를 축하하기 위해 친구와 지인에게 다과를 제공하는 것이 일반적이다. 그리스인 친구가 네임데이를 맞으면 'Χρόνια πολλά(호로냐 폴라)!'라는 축하의 말을 건네고 생일처럼 선물(보통 디저트, 꽃 또는 식물 등)을 하기도 한다. 아주 가까운 사이가 아니더라도 소셜미디어 등에 축하 메시지를 많이 보내는 날이다. 잘 알려진 성인의 이름을 사용하는 사람들의 네임데이는 일반적으로 모두가 기억하고 있으며, 그 밖에 그리스 정교회력에 따라 부활절을 기준으로 네임데이 날짜가 바뀌는 경우도 있어 이를 확인하기 위해 그리스에는 네임데이를 찾아볼 수 있는 웹사이트(www.eortologio.net)도 있다.

Χρόνια πολλά

Να χαίρεσαι το όνομά σου!

Άννα	안녕하세요. 테살로니키로 가는 표를 하나 사고 싶어요.
	Καλημέρα σας. Θα ήθελα ένα εισιτήριο για την Θεσσαλονίκη.
	깔리메라 싸스. 싸 이쎌라 에나 이씨띠리오 야 띠 테살로니끼.
Υπάλληλος	편도인가요 왕복인가요?
	Απλό ή με επιστροφή;
	아쁠로 이 메 에삐스뜨로피?
Άννα	왕복이요.
	Με επιστροφή.
	메 에삐스뜨로피.
Υπάλληλος	언제 출발하시나요?
	Πότε φεύγετε;
	뽀떼 페브게떼?
Άννα	7월 8일 아침시간이요.
	Στις 8 Ιουλίου πρωϊνές ώρες.
	스띠스 옥또 율리우 쁘로이네스 오레스.
Υπάλληλος	아침 아홉시에 기차가 있네요, 괜찮으신가요?
	Έχουμε τρένο στις 9, είναι εντάξει;
	에후메 뜨레노 스띠스 에네아, 이네 엔닥시?

Άννα 좋아요, 돌아오는 기차는 7월 10일 오후 3시 이후예요.

Ωραία, και η επιστροφή είναι στις 10 Ιουλίου μετά τις 3 το απόγευμα.

오레아, 께 이 에피스트로피 이네 스띠스 데까 율리우 메따 띠스 뜨리스 또 아뽀예브마.

Υπάλληλος 한번 볼게요. 3시 40분에 기차가 있습니다.

Για να δούμε. Υπάρχει τρένο που φεύγει στις 3.40.

야 나 두메. 이빠르히 뜨레노 뿌 페브기 스띠스 뜨리스 께 싸란다.

Άννα 아주 좋네요. 얼마인가요

Πολύ ωραία. Πόσο κοστίζουν;

뽈리 오레아. 뽀쏘 꼬스띠준?

Υπάλληλος 95유로입니다. 헬레닉 트레인 멤버쉽 카드가 있으시면 15% 할인됩니다.

Είναι 95 ευρώ. Έχει 15% έκπτωση αν έχετε κάρτα μέλους Hellenic Train.

이네 에네닌다 뻰데 에브로. 에히 데까뻰데 띠스 에까또 엑쁘또시 안 에헤떼 까르따 멜루스 헬레닉 트레인..

απλός/απλή/απλό [아쁠로스/아쁠리/아쁠로] 보통, 간단한

με επιστροφή [메 에피스뜨로피] 왕복(으로)

φεύγετε [페브게떼] (당신들은/당신은) 떠난다: **φεύγω**(떠나다) 동사의 현재시제 2인칭 복수

(η) έκπτωση [엑쁘또시] 할인, 세일

(η) κάρτα μέλους [까르따 멜루스] 회원카드

•도보로 여행하기

아테네의 관광지는 생각보다 큰 구역이 아니라서 날씨가 좋다면 충분히 걸어서 구경할 수 있는 거리에 있다. 관광지와 가까우면서도 현지인들의 생활을 조금 더 엿보고 싶다면 근대 올림픽 경기장과 국립 미술관 근처에 있는 파그라티(Παγκράτι)와 메츠(Μετς), 아크로폴리스 아래에 있는 쿠카키(Κουκάκι) 지역을 방문해보자.

다양한 음식점과 카페 등이 많아 취향대로 골라 시간을 보내기 좋다. 파그라티 지역에는 굴란드리스 재단이 운영하는 박물관과 최근 재개관한 국립 미술관이 있고, 메츠에는 그리스의 저명한 인물들이 잠들어 있는 제1묘지가 있다.

Πού είναι η αίθουσα αναμονής;	대기실이 어디입니까?
Ποιος είναι ο αριθμός της θέσης σας;	당신의 좌석 번호가 어떻게 되나요?
Αγόρασα εισιτήριο για την πρώτη τάξη.	저는 일등석 표를 샀어요.
Αυτό το βαγόνι είναι για δεύτερη τάξη.	이 차량은 이등석입니다.
Πού είναι το βαγόνι εστιατορίου;	식당칸이 어디인가요?
Πού είναι ο σιδηροδρομικός σταθμός;	기차역이 어디인가요?
Πού είνα η αποβάθρα 3;	3번 승차홈이 어디인가요?
Ξέρετε από πού πρέπει να πάρω το τρένο;	기차를 어디서 타는지 아시나요?

역	(ο) σταθμός
	스타뜨모스
연결	(η) ανταπόκριση
	안다뽀끄리씨
열차 칸	(το) βαγόνι
	바고니
자리	(η) θέση
	떼씨
좌석	(το) κάθισμα
	까띠스마
철도	(ο) σηδηροδρόμος
	시디로드로모스
검색	(η) αναζήτηση
	아나지띠씨
표 구매	(η) αγορά εισιτηρίων
	아고라 이씨띠리온
티켓오피스	(το) εκδοτήριο εισιτηρίων
	엑도띠리오 이씨띠리온
기차 정보	(η) αμαξοστοιχία
	아막소스티히아
플랫폼	(η) πλατφόρμα
	플랏포르마

복합유산

18개의 유네스코 세계유산 중 2개(그리스 중부의 메테오라와 남성들만 들어갈 수 있는 자치 지역 아토스 산)는 자연유산과 문화유산 두 가지에 공동으로 선정된 복합유산이다.

두 장소 모두 그리스 정교와 관련이 있는 수도원 지역이다. 특히 아토스 산의 경우 미리 방문 신청을 하고 비자를 받아 들어가야 하는 곳이다. 여성의 경우 근처에 있는 우라누폴리 지역에서 크루즈 투어를 통해 아토스를 둘러볼 수 있다.

Αντιγώνη

안녕하세요. 다음 주 월요일에 파로스로 가는 배가 있나요?

Γεια σας. Έχει δρομολόγια για την Πάρο την επόμενη Δευτέρα;

야 사스. 에히 드로몰로기아 야 띤 빠로 띤 에뽀메니 데프떼라?

Υπάλληλος

7월 17일 월요일 말씀이시죠?

Εννοείτε την Δευτέρα στις 17 Ιουλίου;

에노이떼 띤 데프떼라 스띠스 데까엡따 율리우?

Αντιγώνη

네.

Ναι.

네.

Υπάλληλος

블루스타 딜로스호로 아침 7시 15분에 출발하는 배가 있네요.

Έχει το Blue Star Δήλος στις 7.15 το πρωί.

에히 또 블루스타 딜로스 스띠스 엡따 께 떼딸또 또 쁘로이.

Αντιγώνη

이코노미석 표 값이 얼마인가요?

Πόσο έχει εισιτήριο στην οικονομική θέση;

뽀쏘 에히 이씨띠리오 스띤 이꼬노미끼 떼시?

Υπάλληλος

1인당 50유로 입니다.

Είναι 50 ευρώ ανά άτομο.

이네 뻬닌다 에브로 아나 아또모.

Αντιγώνη

좋습니다. 표를 두 장 살게요.

Ωραία. Θα ήθελα να βγάλω 2 εισιτήρια.

오레아. 싸 이쎌라 나 브갈로 디오 이씨띠리아.

Υπάλληλος	여기에 탑승자 2인의 성명과 생년월일을 써 주세요.

Συμπληρώστε εδώ το ονοματεπώνυμο και την ημερομηνία γέννησης των δύο επιβατών.

심플리로스떼 에도 또 오노마떼뽀니모 께 띤 이메로미니아 게니시스 똔 디오 에삐바똔.

Αντιγώνη	여기 있습니다.

Ορίστε.

오리스떼.

Υπάλληλος	여기 표 드릴게요.

Εδώ τα εισιτήριά σας.

에도 따 이씨띠리아 사스.

Αντιγώνη	감사합니다.

Ευχαριστώ πολύ.

에프하리스또 뽈리.

επόμενος/επομένη/επόμενο [에뽀메노스/에뽀메니/에뽀메노] 다음(의)

εννοείτε [에노이떼] (당신은, 당신들은) ~를 뜻한다: εννοώ (~를 뜻하다) 동사의 현재시제 2인칭 복수

(η) οικονομική θέση [이꼬노미끼 떼씨] 이코노미 클라스

ανά άτομο [아나 아또모] 1인당

να βγάλω [나 브갈로] ~를 발행하기를: βγάζω(표를 사다)동사의 접속법 1인칭 단수

συμπληρώστε [심플리로스떼] 작성하세요: συμπληρώνω(빈칸을 채우다)동사의 명령법 2인칭 복수

●유럽의 다도해, 그리스

그리스는 유럽 전체에서 섬이 가장 많은 나라이다. 다양한 매력을 가진 섬 이곳 저곳을 여행하면서 그리스를 더 깊이 이해할 수 있다. 공항이 있는 섬들도 꽤 많지만 흔히 페리를 이용해 섬 여행을 한다. 섬과 섬을 연결해 주는 island hopping을 통해 근처에 있는 섬 여행을 이어서 계획할 수 있다. 또한 어느 섬에 가도 주변에 있는 섬에 당일치기 보트 투어를 할 수 있으니 시간적 여유가 있다면 투어를 이용해 보자.

Το σωσίβιο είναι κάτω από το κάθισμά σας.	구명조끼는 좌석 아래 있습니다.
Υπάρχει καθυστέρηση;	지연이 있나요?
Πρέπει να παραλάβω το εισιτήριο από το γραφείο;	반드시 사무실에서 표를 수령해야 하나요?
Πρέπει να εκτυπώσω το εισιτήριο;	표를 꼭 인쇄해야 하나요?
Έχετε εισιτήριο μαζί σας;	티켓을 가지고 오셨나요?
Δεν μπορώ να βρω τη θέση μου.	제 좌석을 못찾겠어요.
Πού είναι το σαλόνι business;	비즈니스석은 어디인가요?

출발	(η) αναχώρηση 아나호리씨
목적지	(ο) προορισμός 쁘로오리즈모스
개인정보	(τα) προσωπικά στοιχεία 쁘로소삐까 스티히아
티켓수령	(η) παραλαβή εισιτηρίων 빠랄라비 이씨띠리온
전자티켓	(το) ηλεκτρονικό εισιτήριο 일렉뜨로니꼬 이씨띠리오
지연	(η) καθυστέρηση 까띠스떼리씨
선장	(ο) καπετάνιος 까뻬따니오스
멈춤	(η) στάση 스따씨
비즈니스석	(το) σαλόνι business 쌀로니 비즈니스
무지정 자유석	(το) κατάστρωμα-σαλόνι 까따스트로마-쌀로니
지정석	(η) αριθμημένη θέση 아리쓰미메니 떼시

올림픽 성화

올림픽 시즌이 되면 그리스에서는 성화를 채화하여 올림픽 개최국으로 보낸다. 이 과정은 그리스 펠로폰네소스 반도에 있는 올림피아 유적지에서 고대의 의복을 입고 성스럽게 진행된다. 의식이 진행되는 동안 대제사장과 여사제는 고풍스러운 옷을 입고 특정 안무를 따른다. 올림픽의 시작을 알리는 이 의식은 단순하지만 상직적이다.

이 의식은 헤라신전 제단에서 이루어지는데 대제사장이 아폴로 신의 도움을 구하며 기도문을 낭송하며 속이 빈 거울의 도움으로 횃불을 켠다. 그런 다음 대제사장은 성화를 진흙 그릇에 담아 여사제들과 함께 경기장으로 향한다. 이 행렬은 신성한 올리브 나무에서 멈추어 올림픽 기간 동안 우승자에게 주어지는 평화의 상징이자 승리의 상징인 가지를 자른다. 이 경기장에서 대제사장이 첫 번째 주자의 성화에 불을 붙이고 올림픽 개최국으로 성화 봉송 여정이 시작된다.

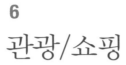

6

관광/쇼핑

МNHМЕІА
КАІ МОҮΣΕΙΑ
ТΗΣ ΕΛΛΑΔΟΣ

MONUMENTS
AND MUSEUMS
OF GREECE

ΕΙΣΙΤΗΡΙΟ ΕΙΣΟΔΟΥ
Παρακαλείσθε να κρατήσετε το απόκομμα του εισιτηρίου
σας μέχρι την έξοδό σας από το Μουσείο/Χώρο

€ 8 MME
      MMG

1244257

www.hushardzan.am, info@hushardzan.am
www.facebook.com/Armenianmonuments
Address: Ria Yerevan, Tenor 15,
Tel. +374 10 58 74 25
Hotline: +374 10 54 55 70

UL 17

Τουρίστας	안녕하세요. 메테오라에 어떻게 갈 수 있나요?
	Καλημέρα σας. Πώς μπορώ να πάω στα Μετέωρα;
	깔리메라 싸스. 뽀스 보로 나 빠오 스따 메떼오라?

Υπάλληλος	시외버스(크텔)나 기차로 가실 수 있는데 차를 빌리시는게 더 낫습니다.
	Μπορείτε να πάτε με ΚΤΕΛ ή με τρένο αλλά καλύτερα να νοικιάσετε αμάξι.
	보리떼 나 빠떼 메 크텔 이 메 뜨레노 알라 깔리떼라 나 니끼아세떼 아막시

Τουρίστας	제가 운전면허가 없어요. 혹시 그룹투어 프로그램이 있나요?
	Δεν έχω δίπλωμα οδήγησης. Μήπως υπάρχει πρόγραμμα για γκρουπ;
	덴 에호 디쁠로마 오디기시스. 미뽀스 이빠르히 프로그라마 야 그룹?

Υπάλληλος	네, 메레오라와 오시오스 루카스 수도원을 함께 보는 투어가 있어요.
	Ναι , υπάρχουν τουριστικά πακέτα για τα Μετεώρα και τον Όσιο Λουκά.
	네, 이빠르훈 뚜리스띠까 빠께따 야 따 메떼오라 께 똔 오시오 루까.
	오시오스 루카스는 유네스코 세계 문화유산 중 하나예요.
	Ο Όσιος Λουκάς είναι ένα μνημείο παγκοσμία κληρονομίας της ΟΥΝΕΣΚΟ.
	오 오시오스 루까스 이네 에나 므니미오 빵고즈미아 끌리로노미아스 띠스 우네스코.

Τουρίστας	얼마인가요?
	Πόσο κοστίζει;
	뽀쏘 꼬스띠지?

Υπάλληλος 1인당 150유로 정도 합니다.

Είναι γύρω στα 150 ευρώ ανα άτομο.
이네 기로 스따 에까또뻰닌다 에브로 아나 아또모

여기 그룹투어 안내지 있어요.

Αυτό είναι το φυλλάδιο για τα πακέτα.
아프또 이네 또 필라디오 야 따 빠께따.

Τουρίστας 좋네요. 정말 감사합니다! 고려해 볼게요.

Ωραία. Ευχαριστώ πολύ! Θα το σκεφτώ.
오레아. 에프하리스또 뽈리! 싸 또 스께프또.

να νοικιάσετε [나 니끼아세떼] (당신들이, 당신이)빌리는 것: **νοικιάζω**(~를 빌리다)동사의 2인칭 복수 단순접속법

(το) αμάξι [아막시] 자동차

(το) δίπλωμα οδήγησης [디쁠로마 오디기시스] 운전면허

(το) πακέτο [빠께또] 패키지

(το) μνημείο πανκοσμία κληρονομίας [므니미오 판고즈미아 끌리로노미아스] 세계문화유산

κοστίζει [꼬스띠지] (가격이)~이다: **κοστίζω**(가격이 ~이다) 동사의 3인칭 단수 현재시제

(το) φυλλάδιο [필라디오] 전단지

●현지 체험 투어

그리스를 여행할 때 현지 경험을 곁들인 많은 체험활동이나 투어를 할 수 있다.
섬에 가게 되면 육로로 접근이 불가한 해변을 포함해 섬 주변을 둘러보는 크루즈 투어가
있는데, 섬의 지형과 해변을 탐험할 수 있는 좋은 기회이다. 투어에 이용하는 배와 인원
수 등에 따라 개인투어부터 그룹까지 가격대별로 다양하게 선택할 수 있기 때문에 예산
에 맞추어 꼭 해보는 것을 추천한다.

섬의 메인 항구 근처에는 투어용 배들이 정박해 있으며 그 앞에서 투어 전단지를 배포
한다. 지역 여행사에서도 투어프로그램을 알아보고 예약할 수 있으며 머무는 호텔에 문

의하는 방법도 있다. 또한 사진촬영이나 요리,
요가, 트레킹 등의 체험을 제공하는 프로그램
도 있다. 본인의 취미생활에 맞추어 미리 알아
보고 체험해 보는 것도 좋다. GetYourGuide,
Airbnb 등에서 다양한 투어와 체험활동을 찾
아보고 예약할 수 있다.

Πόσο κοστίζει αυτή η εκδρομή;	이 투어비용은 얼마입니까?
Είναι 200 ευρώ ανά άτομο.	1인당 200유로입니다.
Υπάρχει κάποιο τουριστικό πακετό για ~;	~ 지역 투어 패키지가 있나요?
Πόσες μέρες διαρκεί η εκδρομή;	투어는 며칠 진행되나요?
Είναι ημερίσια η εκδρομή;	당일투어입니까?
Είναι τρεις μέρες.	2박 3일 입니다.
Τι ώρα ξεκινάει η εκδρομή;	투어는 몇 시에 출발합니까?
Τι ώρα τελειώνει το πρόγραμμα;	몇 시에 끝나요?
Τι ώρα επιστρέφουμε στην Αθήνα;	몇 시에 아테네로 돌아옵니까?
Μπορώ να πάρω έναν χάρτη;	지도를 하나 얻을 수 있을까요?
Πού μπορώ να αγοράσω αναμνηστικά;	기념품은 어디서 살 수 있나요?
Υπάρχει κάποιο μέρος εδώ κοντά που αξίζει να επισκεφτώ;	이 근처에 가볼만한 곳이 있나요?

관광지	(τα) αξιοθέατα
	악시오떼아따
박물관	(το) μουσείο
	무씨오
미술관	(η) πινακοθήκη
	삐나꼬띠끼
정교회 성당	(η) ορθόδοξη εκκλησία
	올또독시 에끌리시아
가이드	(ο/η) ξεναγός
	크세나고스
건축물	(το) κτήριο
	크띠리오
유적지	(ο) αρχαιολογικός χώρος
	아르혜올로기꼬스 호로스
기념품	(το) αναμνηστικό
	아나므니스띠꼬
산	(το) βουνό
	부노
바다	(η) θάλασσα
	딸라싸
지도	(ο) χάρτης
	하르띠스
묘지	(το) νεκροταφείο
	네끄로따피오
다리	(η) γέφυρα
	게피라

요즘은 워낙 인터넷에 다양한 정보들이 올라와 있어서 관광안내소를 사용할 일이 없다고 해도 과언이 아니다. 다만 섬이나 도심에서 벗어난 지역에서는 역이나 안내소에서 유용한 정보를 물어보면 현지인들이 알려주는 정보를 얻을 수 있다. 그리스 관광청에서 운영하는 visit Greece 어플이나 사이트 등에서 그리스 여행에 대한 다양한 정보를 영문으로 볼 수 있다.

그리스 관광청 Ελληνικός Οργανισμός Τουριστμού (ΕΟΤ)
어플 visit GREECE (영문)

Visit Greec 앱은 계속해서 보완을 해 나가고 있으며 박물관 및 문화 유적지 온라인 티켓 구매, 숙소, 식사, 즐길거리에 대한 다양한 정보와 그리스 전역에 걸쳐 열리는 문화행사에 대한 정보도 얻을 수 있다.

Πωλητής	안녕하세요!
	## Καλημέρα!
	깔리메라!
Ζίνα	안녕하세요! 토마토 1kg과 오이 반 킬로 주세요.
	## Καλημέρα! Θα ήθελα ένα κιλό ντομάτες και μισό κιλό αγγούρια.
	갈리메라! 싸 이쎌라 에나 낄로 도마테스 께 미쏘 낄로 앙구리아.
Πωλητής	알겠습니다. 어디서 오셨어요?
	## Βεβαίως. Από πού είστε;
	베베오스. 아뽀 뿌 이스떼?
Ζίνα	저는 한국에서 왔어요.
	## Είμαι από την Κορέα.
	이메 아뽀 띤 꼬레아.
Πωλητής	한국이요? 그리스어를 정말 잘하네요!
	## Κορέα; Μιλάτε πολύ καλά ελληνικά!
	꼬레아? 밀라떼 뽈리 깔라 엘리니까!
Ζίνα	아직 더 배울게 많아요.
	## Πρέπει ακόμα να μάθω πολλά.
	쁘레뻬 아꼬마 나 마쏘 뽈라.
Πωλητής	충분히 잘해요. 여기 있습니다.
	## Μια χαρά μιλάτε. Ορίστε.
	미아 하라 밀라떼. 오리스떼.
	조금 더 넣었어요.
	## Έβαλα λίγο παρά πάνω.
	에발라 리고 빠라 빠노.

Zína	정말 감사합니다. 얼마인가요?
	Ευχαριστώ πολύ. Πόσο έχουν;
	에프하리스또 뽈리. 뽀쏘 에훈?
Πωλητής	토마토는 3유로이고 오이는 2유로입니다.
	Οι ντομάτες είναι 3 ευρώ και τα αγγούρια είναι 2 ευρώ.
	이 도마테스 이네 뜨리아 에브로 께 따 앙구리아 이네 디오 에브로.
Zína	여기 5유로 드릴게요. 좋은 하루 보내세요!
	Ορίστε 5 ευρώ. Καλή σας μέρα!
	오리스떼 뻰데 에브로. 깔리 사스 메라!
Πωλητής	안녕히 가세요.
	Να'στε καλά!
	나스떼 깔라!

μιλάτε [밀라떼] (당신들은, 당신은) 말하다: **μιλάω** (말하다) 동사의 현제시제 2인칭 복수

έβαλα [에발라] (나는) 넣었: **βάζω** (넣다)동사의 단순과거시제 1인칭 단수

πρέπει να [쁘레뻬 나] ~해야 한다

ακόμα [아꼬마] 아직

να μάθω [나 마쏘] (나는) 배워야: **μαθαίνω** (배우다)동사의 접속법 1인칭 단수

μια χαρά [미아 하라] 잘, 좋아요

Να'στε καλά! [나스떼 깔라] 직역하면 '건강하세요, 잘 지내세요' 정도이지만 한국어로 하면 '감사합니다, 안녕히 가세요' 정도로 이해하면 된다.

• 그리스의 길거리 시장 라이끼

그리스에 가서 슈퍼마켓이 아닌 라이끼(Λαϊκή αγορά)에 갈 기회가 있다면 방문해 보자. 그리스의 모든 동네에는 일주일에 한번 라이끼라고 불리는 길거리 시장이 선다. 어느 길에 시장이 서는지 미리 정해져 있으므로 방문하는 지역 숙소 주인이나 호텔에 물어보면 일정을 알 수 있다.

생각보다 규모가 큰 경우 구경하는 재미가 있다. 품질 좋은 과일과 야채를 구입할 수 있고, 다양한 생활용품, 식재료, 꽃 등을 판매한다. 한국에 비해 저렴하기 때문에 제철 과일을 사먹기 좋다. 보통 킬로당 가격으로 판매하며 동전 및 현금을 준비하는 것이 좋다.

Ένα κιλό πορτοκάλια, παρακαλώ.	오렌지 1킬로 주세요.
Θα ήθελα μισό κιλό σύκα.	무화과 반킬로 주세요.
Θέλω να πάρω 2 κιλά ντομάτες.	토마토 2킬로를 사고 싶어요.
Ένα κιλό λεμόνια, παρακαλώ.	레몬 1킬로 주세요.
Πόσο έχουν όλα;	모두 얼마예요?
Πόσο κάνει αυτό;	이건 얼마예요?
Πόσο κοστίζει το μήλο;	사과는 어떻게 팔고 있나요?
Θέλετε κάτι άλλο;	더 필요한 것 있으신가요?
Είναι πέντε ευρώ και εβδομήντα λεπτά.	5유로 70센트 입니다.
Ορίστε τα ρέστα σας.	여기 거스름돈 있습니다.

시장	(η) αγορά 아고라
가게	(το) μαγαζί 마가지
백화점	(το) πολυκατάστημα 뽈리까따스띠마
쇼핑몰	(το) εμπορικό κέντρο 엠보리꼬 껜드로
슈퍼마켓	(το) σούπερ μάρκετ 수페르마르켓
킬로	(το) κιλό 낄로
반 킬로	μισό κιλό 미쏘 낄로
그램	(το) γραμμάριο 그라마리오
싼	φτηνός/φτηνή/φτηνό φθηνός/φθηνή/φθηνό 프티노스/프티니/프티노
비싼	ακριβός/ακριβή/ακριβό 아끄리보스/아끄리비/아끄리보
구입하다	αγοράζω, παίρνω 아고라조, 뻬르노
꽃	(το) λουλούδι 룰루디
생선가게	(το) ιχθυοπωλείο 이흐띠오뽈리오
정육점	(το) κρεοπωλείο 끄레오뽈리오
과일가게	(το) μανάβικο 마나비꼬
제과점	(το) ζαχαροπλαστείο 자하로쁠라스띠오
계산대	(το) ταμείο 따미오
서점	(το) βιβλιοπωλείο 비블리오뽈리오
바	(το) μπαρ 바르
빵집	(ο) φούρνος 푸르노스

그리스 식재료

그리스 음식은 올리브 오일, 와인 및 곡물과 같은 지중해 식단의 식재료를 기본으로 이루어져 있다. 그리스 음식은 신선도, 지역성 및 계절성이 매우 주요 특징이기 때문에 본토가 아닌 곳에서 같은 재료로 요리를 했을 때 같은 맛을 재현하기 어려운 이유가 되기도 한다. 여행할 때 즐기기 좋은 그리스의 제철과일 종류와 그리스에서만 맛볼 수 있는 원산지명칭보호 및 지리적 표시보호를 받는 채소는 다음과 같다.

〈그리스 제철과일〉
늦봄과 초여름: 살구, 체리, 딸기
여름: 복숭아, 수박, 멜론, 무화과, 포도
겨울: 사과, 배, 키위, 모과, 감귤류

〈PDO(원산지 명칭 보호)와 PGI(지리적 표시 보호) 가 있는 채소〉
- 산토리니: 방울 토마토 (Τοματάκι Σαντορίνης)
- 카토 네브로코피: 감자 (Πατάτα Κάτω Νευροκοπίου)
- 차코니아 레오니디오 가지 (Τσακώνικη Μελιτζάνα Λεωνιδίου)
- 낙소스 감자 (Πατάτα Νάξου)

Πωλήτρια	안녕하세요. 무엇이 필요하세요?
	Γεια σας. Παρακαλώ.
	야 사스. 빠라깔로.
Πελάτης	바지를 하나 사고 싶은데요.
	Θα ήθελα ένα παντελόνι.
	싸 이쎌라 에나 빤델로니.
Πωλήτρια	바지는 저기 모퉁이에 있습니다.
	Τα παντελόνια είναι εκεί στη γωνία.
	따 빤델로니아 이네 에끼 스띠 고니아.
Πελάτης	감사합니다.
	Ευχαριστώ πολύ.
	에프하리스또 뽈리.
-σε λίγο-	잠시 후
Πελάτης	이 바지 갈색으로 사고 싶어요.
	Θέλω αυτό το παντελόνι σε καφέ χρώμα.
	뗄로 아프또 또 빤델로니 쎄 카페 흐로마.
Πωλήτρια	물론이죠! 사이즈가 어떻게 되세요?
	Βεβαίως! Τι νούμερο φοράτε;
	베베오스! 띠 누메로 포라떼?

Πελάτης	38 사이즈인 것 같아요.
	### Νομίζω πως είναι 38.
	노미조 뽀스 이네 뜨리안다 옥또.
Πωλήτρια	손님 사이즈 바지 여기 있습니다.
	### Ορίστε, αυτό είναι το νούμερό σας.
	오리스떼, 아프또 이네 또 누메로 사스.
Πελάτης	입어볼 수 있을까요?
	### Μπορώ να το δοκιμάσω;
	보로 나 도끼마소?
Πωλήτρια	당연하죠. 피팅룸은 여기 왼쪽에 있습니다.
	### Φυσικά. Το δοκιμαστήριο είναι εδώ αριστερά.
	피시까. 또 도끼마스띠리오 이네 에도 아리스떼라

(η) γωνία [고니아] 모퉁이, 구석

ορίστε [오리스떼] 여기 있습니다/여보세요

(το) νούμερο [누메로] 사이즈

να δοκιμάσω [나 도끼마쏘] (내가) 입어:
δοκιμάζω (~ 해 보다)동사의 접속법 1인칭 단수

αριστερά [아리스떼라] 왼쪽

(το) δοκιμαστήριο [도끼마스띠리오] 피팅룸

• 그리스의 정기세일

그리스 세일기간에 여행을 한다면 Zara나 H&M등의 SPA브랜드를 포함 백화점의 다양한 제품을 한국보다 좋은 가격에 구입할 수 있다.

큰 세일은 여름과 겨울에 있는데, 보통 여름세일은 7월 첫 주 월요일부터 시작해 8월 말까지 진행된다. 그 전에 5월 1일~10일까지도 열흘 동안의 세일 기간이 있다. 겨울 세일은 보통 1월 첫째 주 정도부터 2월 말까지 진행된다. 할인율이 생각보다 크고 50유로 이상은 면세도 가능하다.

그리스의 표준 부가가치세 세율은 24%로 표준 부가가치세 세율이 적용되는 제품에 대해 지출한 금액의 12.5%에서 14.75% 사이를 상환하며, 일반 상점에서 면세로 구매를 진행하는데 이 때 여권이 필요하다. 세금 환급은 출국 전 공항에서 받는다.

Δεν μου κάνει αυτό.	이건 너무 작아요.
Σας πάει πολύ.	당신에게 잘 어울려요.
Θέλω μπλέ.	파란색을 원해요.
Θέλω μαύρο.	검정색을 원해요.
Ποιο είναι το νούμερο σας;	사이즈가 어떻게 되세요?
Σας αρέσει;	마음에 드세요?
Μου αρέσει.	마음에 들어요.
Μπορώ να το δοκιμάσω;	입어볼 수 있을까요?
Θα πάρω αυτό.	이것으로 살게요.
Με γεια!	예쁘게 입으세요/쓰세요 등

코트	(το) παλτό 빨또
블라우스, 티셔츠	(η) μπλούζα 블루자
셔츠	(το) πουκάμισο 뿌까미쏘
재킷	(το) σακάκι 사까끼
넥타이	(η) γραβάτα 그라바따
치마	(η) φούστα 푸스따
양복	(το) κοστούμι 꼬스뚜미
바지	(το) παντελόνι 빤델로니
청바지	(το) τζιν 진
스웨터	(το) πουλόβερ 뿔로벨
수영복	(το) μαγιό 마요
속옷	(τα) εσώρουχα 에쏘루하
브래지어	(το) σουτιέν 수티엔
팬티	(το) σλιπ 슬립
목도리	(το) κασκόλ 까스꼴
장갑	(τα) γάντια 간디아
양말	(οι) κάλτσες 깔체스
스타킹	(το) καλτσόν 깔촌
잠옷	(τα) ρούχα ύπνου 루하 이쁘누
운동복	(τα) αθλητικά ρούχα 아뜰리띠까 루하
운동화	(τα) αθλητικά παπούτσια 아뜰리띠까 빠뿌찌아

그리스인의 쇼핑법

그리스인 성향은 호기심도 많지만 의심도 많은 편이다. 시장에 가보면 과일, 야채가 작은 단위로 포장되지 않고 판매되는데 그리스인들은 직접 만져보고 마음에 드는 과일을 고른다. 의류나 신발 등도 직접 입어보고 신어보고 눈으로 확인한 후에야 구입을 결정한다. 그렇기 때문에 세일기간에 옷 가게에 가보면 많이 입어보아서 상품의 가치가 떨어진 제품도 많이 보인다.

혼자 쇼핑을 하더라도 직원에게 해당 제품이 자신에게 어울리는지 의견을 묻는 모습도 흔히 볼 수 있다. 입어 보고 물건을 구입하지 않아도 크게 개의치 않는 한국과는 매우 다른 모습이다.

코로나 이후로 온라인쇼핑이 점점 대중화되고는 있지만 기본적인 물품이나 이미 써본 적이 있는 물건이 아니면 직접 구입하는 것을 선호하는 현상은 여전하다.

Μαρία	실례합니다.
	Με συγχωρείτε.
	메 싱호리떼.

Υπάλληλος	말씀하세요.
	Ορίστε.
	오리스떼.

Μαρία	죄송하지만, 어디에 비누와 화장지가 있나요?
	Σας παρακαλώ κύριε, πού είναι τα σαπούνια, και τα χαρτιά υγείας;
	싸스 빠라갈로 끼리에, 뿌 이네 따 사뿌니아 께 따 하르티아 이기아스?

Υπάλληλος	위층에 있습니다.
	Βρίσκονται στον πάνω όροφο.
	브리스꼰데 스똔 빠노 오로포.

Μαρία	아, 어떻게 올라가나요?
	Α, πώς πάμε πάνω;
	아, 뽀스 빠메 빠노?

Υπάλληλος	계산대 보이시나요?
	Βλέπετε το ταμείο;
	블레뻬떼 또 따미오?

Μαρία	네, 보여요.

Ναι, το βλέπω.
네, 또 블레뽀.

Υπάλληλος 왼쪽에 위층으로 가는 계단이 있어요.

Αριστερά υπάρχουν σκάλες προς τον πρώτο όροφο.
아리스떼라 이빠르훈 스깔레스 쁘로스 똔 쁘로또 오로포.

Μαρία 알겠습니다. 감사합니다.

Εντάξει. Ευχαριστώ.
엔닥시. 에프하리스또.

Υπάλληλος 천만에요.

Παρακαλώ.
빠라갈로.

συγχωρείτε [싱호리떼] (당신은) 용서하다: συγχωρώ (용서하다) 동사의 현재시제 2인칭 복수

(το) σαπούνι [사뿌니] 비누

(το) χαρτί υγείας [하르띠 이기아스] 화장지

πάνω [빠노] 위

βλέπετε [블레뻬떼] (당신들은, 당신은) 보다: βλέπω (보다) 동사의 현재시제 2인칭 복수

αριστερά [아리스떼라] 왼쪽

(οι) σκάλες [스깔레스] 계단

•아테네 야경명소

아테네는 건물이 아크로폴리스보다 낮기 때문에 루프탑이나 언덕에 올라가면 멋진 경치를 즐길 수 있다. 아테네에서 일몰을 즐길 수 있는 언덕 세 군데를 추천한다.

필로파포스 언덕 Λόφος Φιλοπάππου
아크로폴리스와 파르테논을 건너편에서 바라볼 수 있는 언덕으로 반대쪽으로는 바다가 보여 탁 트인 느낌이 있다. 많은 사람들이 일몰을 보기 위해 방문하며 최근 치안이 많이 좋아지긴 했지만 해가 진 이후나 인적이 드문 시간에 혼자 가는 일은 피하는 것이 좋다.

아레오바고 언덕 Άρειος Πάγος
아크로폴리스 방문을 마치고 출구를 나오면서 보이는 언덕이다. 사도 바울은 이 언덕에서 아테네인들에게 기독교를 처음으로 소개했다. 이 곳에서는 아크로폴리스의 북측과 모나스티라키 지역 위주의 경치를 감상할 수 있다.

리카비토스 언덕 Λυκαβηττός
아테네에서 가장 높은 언덕으로 꼭대기에 작은 그리스 정교회가 있다. 올라가는 길 곳곳에 뷰 포인트가 많아 아테네 사람들은 데이트를 하러 많이 찾아온다. 높은 곳에서 멀리 내려다보이는 바다와 작게 보이는 아크로폴리스를 바라볼 수 있다.

Πόσο κάνει αυτό το μαύρο καπέλο;	이 검은색 모자는 얼마예요?
Πόσο κοστίζει αυτή η πράσινη μπλούζα;	이 초록색 티셔츠는 얼마예요?
Υπάρχει σε γκρι χρώμα;	이 바지 회색이 있나요?
Είναι σαράντα πέντε ευρώ.	45 유로입니다.
Είναι ακριβός/ακριβή/ακριβό.	비싸네요.
Μπορείτε παρακαλώ να μειώσετε την τιμή;	조금만 깎아주실 수 있나요?
Πού είναι τα προϊόντα με εκπτώσεις;	할인 품목은 어디에 있나요?

세탁 세제	(τα) απορρυπαντικά ρούχων 아뽀리빤디까 루혼
섬유린스	(τα) μαλλακτικά ρούχων 말락띠까 루혼
샴푸	(το) σαμπουάν 샴푸안
컨디셔너	(το) κοντίσιονερ 콘디시오넬
비누	(το) σαπούνι 사뿌니
면도기	(η) ξυριστική μηχανή 크시리즈띠끼 미하니
핸드크림	(η) κρέμα χεριών 끄레마 혜리온
립스틱	(το) κραγιόν 끄라욘
립밤	(το) βάλσαμο χειλιών 발사모 힐리온
화장품	(τα) καλλυντικά 깔린디까
매니큐어	(το) μανό 마노
수분크림	(η) ενυδατική κρέμα 에니다띠끼 끄레마
노화방지	(η) αντιγύρανση 안디기란시
주름	(οι) ρυτίδες 리띠데스
가게	(το) μαγαζί 마가지
옷가게	(το) μαγαζί για ρούχα 마가지 야 루하
신발가게	(το) μαγαζί για παπούτσια 마가지 야 빠뿌치아

그리스인들의 커피

그리스가
궁금해

오래 전부터 그리스인들의 사랑을 받는, 장수의 비결이라고도 불리는 그릭 커피와 더불어 50년대부터 그리스인들에게 대중적 인기를 얻어온 프라페(인스턴트 네스카페를 찬물에 녹여 우유나 아이스크림 등을 곁들여 먹는 커피)와 현재 대중적인 위치를 차지하는 두 종류의 에스프레소 베이스 음료가 있다.

프레도 에스프레소(Freddo Espresso)와 프레도 카푸치노(Freddo Cappuccino)는 명칭은 이탈리아어지만 이탈리아에서는 찾을 수 없는 차가운 커피이다. 프라페, 프레도 에스프레소, 프레도 카푸치노를 만들 때 거품기를 사용하며, 한국에서는 볼 수 없는 거품기를 카페에서 흔히 볼 수 있다. 차가운 커피를 주문 할때는 미리 설탕의 양(σκέτο:설탕 없이, μέτριο:중간정도의 설탕, γλυκό:달게)을 정해서 말해 주어야 한다.

7

공공시설

Μίν-ζου	안녕하세요. 도난 신고를 하고 싶은데요
	### Καλημέρα σας. Θα ήθελα να κάνω δήλωση κλοπής.
	갈리메라 사스. 싸 이쎌라 나 까노 딜로시 끌로삐스.
	메트로에서 제 지갑을 도난당했어요.
	### Μου πήραν το κινητό μέσα στο μετρό.
	무 삐란 또 끼니또 메싸 스또 메뜨로.
Αστυνόμος	이쪽으로 오세요. 도난이 확실한가요?
	### Περάστε. Είστε σίγουρη ότι σας το έκλεψαν;
	뻬라스떼. 이스떼 시구리 오띠 싸스 또 에끌렙산?
Μίν-ζου	네. 몇 명이 제 주변에 와서 한 명이 저에게 뭘 물어봤고 나머지는 제 가방을 열고 휴대폰을 가져갔어요.
	### Ναι. Ήρθαν μερικοί άνθρωποι γύρω μου και ένας με ρώτησε κάτι, ενώ οι άλλοι άνοιξαν την τσάντα μου και το πήραν.
	네. 일싼 메리끼 안뜨로삐 기로 무 께에나스 메 로띠쎄 까띠, 에노 이 알리 아닉산 띠 찬다 무 께 또 삐란.
	한 남성분이 그걸 보셨고 저에게 확인해 주셨어요.
	### Ένας κύριος εκεί το είδε και μου το επιβεβαίωσε.
	에나스 끼리오스 에끼 또 이데 께 무 또 에삐베베오쎄.

Αστυνόμος　알겠습니다. 여기 신고서를 작성해 주세요.

Μάλιστα. Συμπληρώστε το έντυπο εδώ.

말리스따 심플리로스떼 또 엔디뽀 에도.

범인들을 찾아 보겠지만 쉽지는 않을 것 같습니다.

Θα προσπαθήσουμε να τους βρούμε αλλά δεν είναι τόσο εύκολο.

따 쁘로스빠띠수메 나 뚜스 브루메 알라 덴 이네 또쏘 에프꼴로.

Μίν-ζου　알겠습니다. 감사합니다.

Καταλαβαίνω. Ευχαριστώ πολύ.

까딸라베노. 에프하리스또 뽈리.

(η) δήλωση κλοπής [딜로씨 끌로뻬스]
도난 신고

πήραν [삐란] (그들이) 가져갔다: **παίρνω**(가져가다) 동사의 단순과거시제 3인칭 복수, 여기서는 '훔쳐가다'의 의미

περάστε [뻬라스떼] 들어오세요: **περνάω**(지나가다)동사의 명령형 2인칭 복수

έκλεψαν [에끌렙산] (그들이) 훔쳤다: **κλέβω** (훔치다)동사의 단순과거시제 3인칭 복수

ρώτησε [로띠쎄] (그 사람이) 물었다: **ρωτάω** (물어보다, 질문하다)동사의 단순과거시제 3인칭 단수

άνοιξαν [아닉산] (그들이) 열었다: **ανοίγω** (열다)동사의 단순과거시제 3인칭 복수

επιβεβαίωσε [에삐베베오쎄] (그가) 확인했다: **επιβεβαιώνω** (확인하다) 동사의 단순과거시제 3인칭 단수

(το) έντυπο [엔디뽀] 서류

θα προσπαθήσουμε [따 쁘로스빠띠수메] (우리는) 노력할 것입니다: **προσπαθώ** (노력하다)동사의 단순미래시제 1인칭 복수

● 소매치기 사고

물건이나 현금을 소매치기 당했을 때 여행자 보험에 가입해 두었다면, 경찰서에 가서 신고를 하고 관련 서류를 떼어 한국에서 보험 처리가 가능하다. 다만 사람이 붐비는 관광지에서는 도난 사고가 잦고 그만큼 일을 처리하는 것도 쉽지 않고 많은 시간이 소요된다. 여행 일정을 맞추려면 이러한 상황을 처리하는 일이 쉽지 않은 것이 현실이다.

그리스에서는 최대한 소지품은 주의해서 들고 다니도록 하고 사진을 찍는다고 가방을 땅에 내려 두거나 주위에 정신이 팔려 빈틈을 보이지 않는 것이 좋다. 특히 카페에서 자리를 잡는다고 가방이나 휴대폰을 무방비 상태로 두고 자리를 비우면 안 된다.

배낭의 경우 뒤에서 열고 물건을 꺼내 가는 경우도 있다. 사람이 많은 상점에서 가방을 찢고 훔쳐가는 경우도 있으니 주의하자. 메트로 등 대중교통 이용시에는 단체로 타겟을 정해 소매치기가 이루어지기도 한다. 이러한 경우 피하기 어렵기는 하지만 항상 내가 내 소지품에 주의를 기울이고 있다는 모습을 보이는 것이 도움이 된다.

Σας παρακαλώ, πάρτε τηλέφωνο στην κορεατική πρεσβεία.	주그리스 대한민국 대사관에 연락해 주세요.
Ψάχνω την κορεατική πρεσβεία.	주그리스 대한민국 대사관을 찾고 있어요.
Χρειάζομαι μία αστυνομική αναφορά για την ασφάλιση αξιώσεων όταν γυρίσω.	귀국해서 보험청구를 할 경찰신고서가 필요해요.
Μου έκλεψαν το λάπτοπ.	노트북을 도둑 맞았어요.
Είχα ένα τροχαίο ατύχημα.	교통사고가 났어요.
Πρέπει να καλέσω γερανό.	견인차를 불러야겠어요.
Υπάρχει τραυματισμένος;	부상자가 있나요?
βοήθεια!	도와주세요!
Μου έκλεψαν την τσάντα μου.	가방을 도난 당했어요.
Μπορείτε να καλέσετε την αστυνομία;	경찰을 불러주세요.
Έχασα το πορτοφόλι μου.	지갑을 잃어버렸어요.
Είναι επίγον.	긴급 상황입니다.
Μπορώ να χρησιμοποιήσω το τηλέφωνο;	전화를 좀 사용할 수 있나요?
Τραυματίστηκε ο φίλος/η φίλη μου.	친구가 다쳤어요.

경찰서	(η) αστυνομία 아스띠노미아
경찰관	(ο, η) αστυνόμος 아스띠노모스
사고	(το) ατύχημα 아띠히마
부상	(ο) τραυματισμός 뜨라브마띠즈모스
번호판	(η) πινακίδα αυτοκινήτου 삐나끼다 아프또끼니뚜
견인차	(ο) γερανός αυτοκινήτου 게라노스 아프또끼니뚜
도둑	(ο) κλέφτης 끌레프띠스
강도	(ο) ληστής 리스띠스
고속도로	(ο) αυτοκινητόδρος 아프또끼니또드로모스
교통사고	(το) τροχαίο ατύχημα 뜨로헤오 아띠히마
신호등	(το) φανάρι 파나리
보행자	(ο) πεζός 뻬조스
주소	(η) διεύθυνση 디에프띤시
도움	(η) βοήθεια 보이띠아
구급차	(το) ασθενόφορο 아스떼노포로
화재	(η) πυρκαγιά 삐르까야
병원	(το) νοσοκομείο 노소꼬미오
응급실	(το) τμήμα Επειγόντων Περιστατικών 뜨미마 에삐곤돈 뻬라스띠꼰
중환자실	(η) ΜΕΘ 메쓰

그리스의 종교

그리스에서 종교는 고대부터 존재해 왔다. 신석기 시대에는 각각의 사물과 현상에 '눈에 보이지 않는 어떤 영적인 힘 또는 존재'가 깃들어 있다고 믿는 애니미즘 요소가 있었다. 미케네 문명 시대에 영웅 숭배가 발달했고 이는 그리스의 신들과 융합된다. 기원후 천 년경 그리스에 기독교가 전파되었고, 그리스의 첫 헌법은 동방 정교회를 그리스의 '지배적인 종교'로 선언했다. 현재 그리스인의 98%는 그리스 정교를 믿는다고 알려져 있다.

그리스인의 일생은 신앙심과 큰 관계 없이 정교회 문화를 따른다. 세례, 결혼, 장례가 모두 정교회를 중심으로 이루어지기 때문이다. 태어나 결혼을 하고 죽음에 이르기까지 정교회 신부가 주관하는 식을 치르고 교회에서 진행된다. 그리스인들은 작은 이콘(성화)을 지갑에 넣고 다니거나 집에 놓기도 하고 교회를 지나갈 때면 성호를 긋는다. 이렇듯 그리스인들의 삶에서 그리스 정교회는 뗄래야 뗄 수 없는 관계를 가지고 있다.

Πελάτισσα	안녕하세요. 계좌를 만들고 싶어요.

Γεια σας. Θα ήθελα να ανοίξω έναν λογαριασμό.

야 사스. 따 이쎌라 나 아닉소 에난 로가리아즈모.

Υπάλληλος	번호표를 뽑고 순서를 기다려 주세요.

Πάρτε το νούμερο και περιμένετε την σειρά σας παρακαλώ.

빠르떼 또 누메로 께 뻬리메네떼 띤 시라 사스 빠라깔로.

10분 후

[10 λεπτά αργότερα]

Πελάτισσα	안녕하세요. 저는 그리스 정부 장학생이고 아테네 대학에 재학 중입니다.

Καλημέρα σας. Είμαι υπότροφος του ΙΚΥ και σπουδάζω στο Πανεπιστήμιο Αθηνών.

깔리메라 사스. 이메 이뽀뜨로포스 뚜 이끼 께 스뿌다조 스또 빠네피스띠미오 아띠논

은행 계좌를 개설하고 싶어서요. 뭐가 필요한가요?

Θέλω να ανοίξω έναν τραπεζικό λογαριασμό. Τι χρειάζονμαι;

뗄로 나 아닉소 에난 뜨라뻬지꼬 로가리아즈모. 띠 흐리아조메?

Υπάλληλος	신분증, 거주확인증, 체류비자입니다.

Χρειάζεστε μια ταυτότητα, βεβαίωση διαμονής και την άδεια παραμονής.

흐리아제스떼 미아 따프또띠따, 베베오시 디아모니스 께 띤 아디아 빠라모니스.

Πελάτισσα	모두 가지고 왔네요. 여기 있습니다.

Τα έχω όλα μαζί μου. Ορίστε.

따 에호 올라 마지 무. 오리스떼.

Υπάλληλος	좋습니다. 신청서 작성하시고 여기 서명해 주세요.

Ωραία. Συμπληρώστε την αίτηση και βάλτε μία υπογραφή εδώ.

오레아. 심블리로스떼 띤 에띠시 께 발떼 미아 이뽀그라피 에도

Πελάτισσα	물론입니다.

Βεβαίως.

베베오스

Υπάλληλος	계좌가 준비 되었습니다. 이건 통장입니다.

Είναι έτοιμος ο λογαριασμός. Αυτό είναι το βιβλιάριο σας.

이네 에띠모스 오 로가리아즈모스. 아프또 이네 또 비블리아리오 사스.

카드는 집으로 보내드리겠습니다. 10일 정도 걸립니다.

Θα σας στείλουμε την κάρτα στο σπίτι. Θα χρειαστούν περίπου 10 μέρες.

따 사스 스띨루메 띤 까르따 스또 스삐띠. 따 흐리아스뚠 뻬리뿌 데까 메레스.

να ανοίξω [나 아닉소] (나는) 개설하고: ανοίγω(열다)동사의 접속법 1인칭 단수

(ο) λογαριασμός [로가리아즈모스] 계좌, 영수증, 고지서 등

ανοίγω έναν λογαριασμό [아니고 에난 로가리아즈모] 계좌를 개설하다

περιμένετε [뻬리메네떼] (당신은) 기다리다: περιμένω(기다리다)동사의 명령법 2인칭 복수

(η) σειρά [씨라] 순서

(ο/η) υπότροφος [이뽀뜨로포스] 장학생

ΙΚΥ (Ίδρυμα Κρατικών Υποτροφιών) [이끼(이드리마 끄라띠꼰 이뽀뜨로피온)] 국가 장학재단

τραπεζικός/ή/ό [뜨라뻬지꼬스/뜨라뻬지끼/뜨라뻬지꼬] 은행의

χρειάζονται [흐리아존데] (그들이) 필요하다: χρειάζομαι(필요하다)동사의 현재시제 3인칭 복수

συμπληρώστε [심블리로스떼] 빈칸을 채우세요: συμπληρώνω (빈칸을 채우다)동사의 명령법 2인칭 복수

βάλτε [발떼] 두세요: βάζω(놓다, 두다 등)동사의 명령법 2인칭 복수

(η) υπογραφή [이뽀그라피] 서명

βάζω υπογραφή = υπογράφω [바조 이뽀그라피=이뽀그라포] 서명을 하다

θα στείλουμε [따 스띨루메] (우리가) 보낼게요: στέλνω(보내다)동사의 단순미래시제 1인칭 복수

•유적지와 박물관 무료입장일

그리스는 일 년 내내 여행하기에 비교적 좋은 기후이다. 물론 지중해의 매력이 극대화되는 여름의 그리스는 가장 대표적인 이미지이지만, 바다 말고도 내륙의 유적지나 산을 찾기에는 다른 계절도 좋다. 북쪽으로 가면 눈 덮인 산을 볼 수 있고, 한낮의 더위에 그늘 없는 높은 곳에 위치한 대부분의 유적지들도 여름보다는 비시즌에 조금 더 수월하게 방문할 수 있다.

관광 성수기가 지나면 입장료도 반값이고 겨울에는 한 달에 한 번 무료입장을 할 수 있는 일요일을 이용하면 좋다.

Θα ήθελα να κάνω ανταλλαγή νομισμάτων.	환전을 하고 싶어요.
Θα ήθελα να κάνω μεταφορά χρημάτων.	송금을 하고 싶습니다.
Θέλω να κάνω κατάθεση.	입금을 하려고 합니다.
Παρακαλώ, δώστε μου την ταυτότητά σας.	신분증을 주시겠어요?
Τι χρειάζομαι για να ανοίξω έναν λογαριασμό;	은행 계좌를 개설하려면 무엇이 필요한가요?
Μπορείτε να πάρετε την κάρτα σας στην τράπεζα.	카드는 2주 후에 은행에서 받으실 수 있습니다.
Έχασα την χρεωστική κάρτα μου.	체크카드를 분실했어요.

은행	(η) τράπεζα 뜨라뻬자
돈	(τα) χρήματα 흐리마따
계좌	(ο) λογαριασμός 로가리아즈모스
계좌번호	(ο) αριθμός λογαριασμού 아리스모스 로가리아즈모스
신용카드	(η) πιστωτική κάρτα 삐스또띠끼 까르따
체크카드	(η) χρεωστική κάρτα 흐레오띠끼 까르따
입금	(η) κατάθεση/(η) είσπραξη χρημάτων 까따떼시/이스쁘락시 흐리마똔
송금	(το) έμβασμα 엠바즈마
출금	(η) ανάληψη μετρητών 아날립시 메뜨리똔
지폐	(το) χαρτονόμισμα 하르또노미즈마
동전	(το) κέρμα 께르마
(대출 등으로 갚아야하는) 이자	(το) επιτόκιο 에삐또끼오
(저축 등으로 내가 벌어들이는) 이자	(οι) τόκοι 또끼
세금	ΦΠΑ 피삐아
대출	(το) δάνειο 다니오
신분증	(η) ταυτότητα 따프또띠따
비밀번호	(ο)κωδικός εισόδου 꼬디꼬스 이쏘두
통장	(το) βιβλιάριο 비블리아리오

그리스의 공공기관

우스갯소리로 그리스에서는 하루에 두 가지 일을 처리하기 어렵다는 말이 있다. 대기하는 시간이 길기도 하고, 대중에게 개방되는 영업시간이 비교적 짧기 때문이다. 그리스 은행의 영업시간은 아침 7시 30분부터 시작되어 2시쯤 마무리된다. 물론 은행 안에서는 더 늦은 시간까지  일을 하지만 은행 이용시간은 생각보다 이른 시간에 시작되고 끝난다는 점을 염두해 두자. 은행 외에도 그리스 관공서는 일찍 시작해서 일찍 업무를 마무리한다. 공공기관 관련하여 그리스에 거주하게 될 경우 알아두어야 할 몇 가지 사항을 소개한다.

세금번호 Αριθμός Φορολογικού Μητρώου γνωστός(Α.Φ.Μ./아피미):
그리스에서는 자연인이든 법인이든 수혜자가 속한 그리스 공공 금융서비스(Δ.Ο.Υ)에서 할당한 9자리 숫자를 발급받아야 하며 18세 이상의 시민은 Α.Φ.Μ.를 가지고 있어야 한다. 그리스에 유학이나 해외파견직 등으로 장기거주하게 되면 발급받아야 하며 경제활동을 하지 않아도 집을 구해 계약서를 작성할 때 이 번호가 필요하다. 보통 집 주인들이 이 번호를 요구하여 발급받게 된다.

시민 서비스센터 Κέντρο Εξυπηρέτησης Πολιτών (ΚΕΠ):
한국의 주민센터와 비슷하게 그리스에는 켑(ΚΕΠ)이 지역마다 있다. 여기서는 서명 원본 확인이나 복사본과 원본 대조확인, 세금번호 관련 업무 등을 처리할 수 있다.

유학생 학위인정기관 Ο Διεπιστημονικός Οργανισμός Αναγνώρισης Τίτλων Ακαδημαϊκών και Πληροφόρησης (Δ.Ο.Α.Τ.Α.Π.):
학술적 직위 및 정보 인정을 위한 학제간 조직(D.O.A.T.A.P.)은 해외 고등 교육기관에서 수여하는 학위를 학문적으로 인정하고 그리스의 고등 교육 기관 및 학위에 대한 유효한 정보를 제공하는 그리스의 공식 기관이다. 유학생의 경우 한국 대학에서의 학위 또는 그리스에서 획득한 학위를 이곳에서 인증받아야 한다.

Υπάλληλος	123번 고객님. **Νούμερο 123 παρακαλώ.** 누메로 에까또 이꼬시 뜨리아 빠라갈로.
Σόμιν	안녕하세요. 소포 고지서를 받았어요. **Γεια σας. Πήρα αυτό το ειδοποιητήριο για ένα δέμα.** 야 사스. 삐라 아프또 도 이도삐이띠리오 야 에나 데마.
Υπάλληλος	고지서랑 신분증도 저에게 주세요. **Δώστε το μου και την ταυτότητά σας.** 도스떼 또 무 께 띤 따프또띠따 사스
Σόμιν	여기 있습니다. **Ορίστε.** 오리스떼
Υπάλληλος	이름이 미지 킴인가요? **Είστε η Σόμιν;** 이스떼 이 소민?
Σόμιν	네. **Ναι.** 네.

Υπάλληλος   알겠습니다. 잠시만 기다리세요.

Ωραία, περιένετε λίγο.
오레아, 뻬리메네떼 리고.

여기 소포 있습니다.

Εδώ είναι το δέμα σας.
에도 이네 또 데마 사스.

여기 서명하시고 소포를 가져가세요.

Βάλτε μία υπογραφή εδώ και πάρτε το δέμα σας.
발떼 미아 이뽀그라피 에도 께 빠르떼 또 데마 사스.

Σόμιν   네. 정말 감사합니다.

Ναι. Ευχαριστώ πολύ.
네 에프하리스또 뽈리.

Υπάλληλος   안녕히 가세요.

Να'στε καλά.
나스떼 깔라.

πήρα [삐라] (나는) 받았다: **παίρνω**(받다, 가져가다)동사의 단순과거시제 1인칭 단수

δώστε [도스떼] 주세요: **δίνω** (주다)동사의 명령법 2인칭 복수

(το) ειδοποιηρήριο [이도뻬이띠리오] 고지서

(το) δέμα [데마] 소포

περιμένετε [뻬리메네떼] 기다리세요: **περιμένω** (기다리다)동사의 명령법 2인칭 복수

βάλτε [발떼] 쓰세요: **βάζω** (놓다, 두다, 쓰다)동사의 명령법 2인칭 복수

πάρτε [빠르떼] 가져가세요: **παίρνω** (받다, 가져가다)동사의 명령법 2인칭 복수

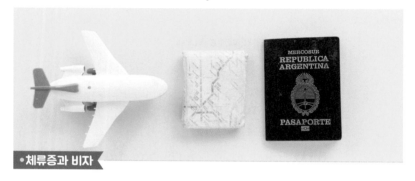

•체류증과 비자

한국인은 3개월까지 무비자로 그리스에 체류가 가능하다. 다만 3개월이 넘는 기간 동안 체류하려면, 한국에 있는 그리스 대사관에서 해당 기간에 대한 비자를 받아야 한다.

1년이 넘는 체류 기간이라면 그리스에서 연단위로 체류비자 신청을 해야 한다. 그리스 현지에서 오래 체류하여 비자를 신청하는 경우 몇 달에서 1년 가까이 기다려야 할 수 있다.

현지에서 비자를 신청하는 경우 본인이 직접 신청하기 번거롭다면 변호사를 쓰는 것이 비용은 들지만 시간을 절약하고 수월하게 처리할 수 있다.

Θέλω να στείλω αυτό το δέμα στην Κορέα.	이 소포를 한국으로 보내고 싶어요.
Θέλω να στείλω αυτό το γράμμα.	이 편지를 부치고 싶어요.
Πόσο κοστίζει η αποστολή με EMS;	항공 EMS 우편비용은 얼마인가요?
Πόσο κοστίζει να το στείλω συστημένο(απλό);	등기(기본) 우편비용은 얼마인가요?
Είναι διακόσια(200) ευρώ.	200유로입니다.
Πόσες μέρες χρειάζονται μέχρι να φτάσει;	수신까지 얼마나 걸리나요?
Παίρνει περίπου μια εβδομάδα.	일주일쯤 걸립니다.
Τι έχει μέσα;	안에 무엇이 있나요?
Έχει βιβλία και δώρα.	책과 선물이 있어요.
Ας ζυγίσουμε το πακέτο.	상자의 무게를 재 봅시다.
Ζυγίζει είκοσι(20) κιλά.	20킬로 나갑니다.
Πόσο πρέπει να πληρώσω;	얼마를 내야 하나요?

우체국	(το) ταχυδρομείο 따히드로미오
편지	(το) γράμμα 그라마
우표	(το) γραμματόσυμο 그라마또씨모
카드	(η) κάρτα ποστάλ 까르따 뽀스탈
주소	(η) διεύθυνση 디에프띤씨
우편번호	(ο) ταχυδρομικός κώδικας (T.K) 다히드로미꼬스 꼬디까스
항공편으로	με αεροπλάνο 메 아에로쁠라노
선편으로	με πλοίο 메 쁠리오
등기	(το) συστημένο 씨스띠메노
소포	(το) δέμα 데마
발송인	(ο/η) αποστολέας 아뽀스똘레아스
수취인	(ο/η) αποδέκτης 아뽀덱띠스
해외발송	για εξωτερικό 야 엑소떼리꼬
국내발송	για εσωτερικό 야 에쏘떼리꼬
기본	απλό 아쁠로
빠른우편	γρήγορο 그리고로
배송조회	αναζήτηση αποστολής 아나지띠씨 아뽀스똘리스
배달	(η) διανομή 디아노미
무게	(το) βάρος 바로스
비용	(ο) κόστος 꼬스또스

그리스에서 택배 받기

보통 집 앞으로 배달해주는 한국과 달리 그리스에서는 택배를 받을 때 주의할 점이 있다. 일반우편으로 보낸 소포는 먼저 우체국에서 우편물 도착 고지서(ΕΙΔΟΠΟΙΗΤΗΡΙΟ)를 보낸다. 고지서를 받은 후 신분증을 가지고 고지된 주소의 우체국에 찾아가면 신분을 확인 후 소포를 수령한다.

EMS의 경우 집으로 배달해 주지만, 받는 사람이 세금을 내야 한다. 보통 물건 값만큼 세금이 붙으니 유럽 이외의 국가에서 쇼핑을 하거나 물건을 받는 것은 그리 경제적이지 않다. 배달 시간에 부재할 경우 집 앞에 놓고 가지 않으며, EMS가 배송된다고 검색이 되면 무조건 집에서 기다렸다가 받는 것이 좋다. 다만 배송일이 EMS 추적사이트와 다른 경우도 있음을 유의하자. 하루 종일 기다려도 그날 오지 않는 경우도 있다. EMS 배송시 부재중이면 다음과 같은 형태의 고지서를 남기는데 다시 배송 날짜를 잡거나 직접 가지러 가기 위해서는 연락을 취해 어떻게 할지 정해야 한다.

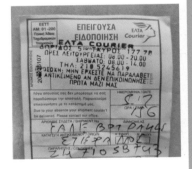

출처: https://images.app.goo.gl/YNoXEuThbNTTpBSy9
Savoir vivre για νέους λογοτέχνες #10: ΛΕΜΕ ΟΧΙ ΣΤΑ ΣΥΣΤΗΜΕΝΑ, Του Σωτήρη Παστάκα – Thraca

8
병원/약국

Γιατρός

안녕하세요. 들어오세요

Καλημέρα.Περάσετε, παρακαλώ.

깔리메라. 뻬라스떼 빠라갈로.

Ασθενής

안녕하세요, 의사선생님.

Καλημέρα, γιατρέ.

깔리메라, 이아뜨레.

Γιατρός

앉으세요. 어디가 아프신가요?

Καθίστε. Ποιο είναι το πρόβλημά σας;

까씨스떼. 표 이네 또 쁘로블리마 사스?

Ασθενής

어제부터 목이 너무 아파요.

Πονάει πολύ ο λαιμός μου από χτες.

뽀나이 뽈리 오 레모즈 무 아뽀 흐떼스.

Γιατρός

한번 봅시다... 열도 있네요. 단순 바이러스 감염이니 걱정하지 마세요.

Για να δω... έχετε και πυρετό. Είναι απλή ίωση μην ανησυχείτε.

야 나 도...에헤떼 께 삐레또. 이네 아쁠리 이오씨 민 아니시히떼.

약을 살 수 있도록 처방전을 써드릴게요. 그리고 휴식이 필요합니다.

Θα σας γράψω μια συνταγή να πάρετε φάρμακα. Θέλει και ξεκούραση.

따 사스 그랍소 미아 신다기 나 빠레떼 파르마카. 뗄리 께 크세꾸라씨.

Ασθενής	정말 감사합니다.
	## Ευχαριστώ πολύ.
	에프하리스또 뽈리.
Γιατρός	안녕히 가세요.
	## Να'στε καλά.
	나스떼 깔라.

Περάστε [뻬라스떼] 들어오세요: **περνάω**(지나가다)동사의 명령법 2인칭 복수

γιατρέ [야뜨레] 의사선생님(부를 때)!: (ο) **γιατρός** (의사)의 호격

καθίστε [까띠스떼] 앉으세요: **κάθομαι**(앉다)동사의 명령법 2인칭 복수

(το) πρόβλημα [쁘로블리마] 문제

πονάει [뽀나이] ~가 아파요: **πονάω**(아프다)동사의 현재시제 3인칭 단수

(ο) πυρετός [삐레또스] 열

(η) ίωση [이오씨] 바이러스로 인한 병

(η) συνταγή [신다기] 처방전

•클래식 마라톤

기원전 490년 페르시아인들은 아테네인보다 그 수가 4배나 많았음에도 불구하고, 마라톤 전투에서 패배한다. 아테네의 전령사 페이디피데스(Pheidippides)는 42킬로미터 떨어진 아테네로 달려가 승리의 소식을 전한다. 그는 "νικῶμεν(니코멘)", 즉 "우리가 이겼다"라는 말을 내뱉고 쓰러져 죽는다.

해마다 열리는 클래식 마라톤은 페이디피데스가 달린 마라톤에서 아테네까지 이어지는 42킬로미터를 달리는 경기이다. 일반인들도 별도로 열리는 경주에 등록할 수 있는데, 5킬로미터, 10킬로미터, 파워 워킹 경주, 42.195킬로미터 스페셜 올림픽 경주, 어린이 경주까지도 열린다. 체력 수준에 따라, 마라톤의 역사를 그리스 땅에서 느낄 수 있는 좋은 방법이 될 것이다.

*클래식 마라톤 사이트 (athensauthenticmarathon.gr)

Θα ήθελα να κλείσω ένα ραντεβού με τον γιατρό.	진찰을 위한 예약을 하고 싶어요.
Θα ήθελα να κλείσω ένα ραντεβού όσο πιο σύντομα γίνεται.	가장 빠른 날짜로 예약을 하고 싶어요.
Ποια είναι τα συμπτώματά σας;	증상이 어떻게 되나요?
Συγνώμη για την ταλαιπωρία.	기다리게 해서 죄송합니다.
Είμαι έγκυος.	저는 임신중이에요.
Παίρνετε κάποια φάρμακα;	복용하고 있는 약이 있나요?
Χρειάζομαι να κάνω τεστ Mantoux για την άδεια παραμονής.	비자 신청을 위해 망투(결핵) 검사를 하고 싶어요.
Διαγνώστηκα θετικός/θετική, τι πρέπει να κάνω;	양성반응이 나왔어요 어떻게 해야하나요?

병원	**(το) νοσοκομείο, (το) ιατρείο** 노소꼬미오, 이아뜨리오
의사	**(ο) γιατρός** 이아뜨로스
간호사	**(ο) νοσοκόμος /(η) νοσοκόμα** 노쏘꼬모스, 노쏘꼬마
치과의사	**(ο) οδοντογιατρός** 오돈도이아뜨로스
내과의사	**(ο) παθολόγος** 빠똘로고스
환자	**(ο/η) ασθενής** 아스떼니스
접종	**(η) ένεση** 에네씨
백신	**(το) εμβόλιο** 엠볼리오
수술	**(η) χειρουργία** 히루르기아
건강보험	**(η) ασφάλεια υγείας** 아스팔리아 이기아스
대기실	**(η) αίθουσα αναμονής** 에쑤싸 아나모니스
혈액	**(το) αίμα** 에마
소변	**(το) ουρό** 우로
임신	**(η) εγκυμοσύνη** 엥기모시니
출산	**(ο) τοκετός** 또께또스
엑스레이	**(η) ακτινογραφία** 악띠노그라피아
혈압	**(η) αρτηριακή πίεση** 아르띠리아끼 삐에씨
검사결과	**(το) αποτέλεσμα διαγνωστικών εξετάσεων** 아뽀뗄레즈마 다이그노스띠꼰 엑쎄따세온
건강검진	**(ο) έλεγχος υγείας** 엘렝호스 이기아스
체온계	**(το) θερμόμετρο** 떼르모메뜨로
전염성이 있는	**μεταδοτικός/μεταδοτική/μεταδοτικό** 메따도띠꼬스/메따도띠끼/메따도띠꼬

민간요법

그리스가 궁금해

그리스에는 다양한 민간요법이 있다. 그리스인들은 민간요법에 다양한 허브를 사용하지만 대표적인 허브는 캐모마일이다. 배가 아프거나 감기에 걸렸을 때 캐모마일 차를 구비해 두고 자주 마신다. 잠들기 전 긴장을 푸는데도 도움을 준다.

그리스의 산악 지역에서 생산되는 산차(το τσάι του βουνού)는 "Greek Mountain Tea"라는 이름으로 국제적으로 알려져있고, 그리스에서 사랑받는 허브 중 하나이다. 호흡기 질환을 개선하고 감기에 좋기 때문에 주로 겨울에 즐겨 마신다. 허브를 이용한 차와 더불어 그리스에서 생산되는 꿀 역시 감기에 좋고 에너지를 생성해 준다고 하여 많이 소비된다.

차에 꿀을 넣어 마시는 조합은 그리스인들이 몸이 좋지 않을 때 자주 하는 민간요법이다. 올리브유는 피부관련 질환이나 귓병에 사용하기도 한다. 귀지가 쌓여 귀가 윙윙거리고 잘 들리지 않는 경우, 올리브유 1/2 티스푼에 적신 솜을 귀에 넣고, 하룻밤이 지난 후 아침에 레몬즙으로 귀 안쪽을 헹구어 주면 귀지가 제거되며 귀가 뚫린다고 한다.

παθολόγος	증상을 들어볼게요. 말씀해 주세요.

Σας ακούω. Πείτε μου.

싸스 아꾸오. 삐떼 무.

Ασθενής	감기에 걸린 것 같아요. 어제부터 열이있고 너무 피곤해요.

Νομίζω ότι είμαι κρυωμένος. Έχω πυρετό από χτες και νιώθω πολλή κούραση.

노미조 오띠 이메 끄리오메노스. 에호 삐레또 아뽀 흐떼스 께 니오쏘 뽈리 꾸라씨.

παθολόγος	기침하시나요?

Βήχετε;

비헤떼?

Ασθενής	네, 아주 많이요! 밤에 더 많이 합니다.

Ναι, πάρα πολύ! Περισσότερο τη νύχτα.

네, 빠라 뽈리! 뻬리소떼로 띤 닉따.

παθολόγος	알겠습니다. 목 좀 볼게요. 아- 해보세요.

Μάλιστα. Για να δω και τον λαιμό σας. Κάντε άααα.

말리스따 야 나 도 께 똔 레모 싸스. 깐데 아-

Ασθενής	아-

Ααααα.

아-

παθολόγος	기관지염이네요. 항생제 처방해드릴게요. 3일 후에 다시와서 봅시다.

Έχετε βρογχίτιδα. Σας γράφω αντιβιοτικά. Ελάτε πάλι σε 3 μέρες να σας δω.

에헤떼 브로히띠다. 싸스 그라포 안디비오티까. 엘라떼 빨리 쎄 뜨리스 메레스 나 사스 도.

Ασθενής	알겠습니다. 감사합니다.

Εντάξει. Ευχαριστώ πολύ.

엔닥시. 에프하리스또 뽈리.

σας [싸스] 당신을 (목적어로 인칭대명사 사용)

ακούω [아꾸오] (내가) 듣다

πείτε [삐떼] 말씀하세요: **λέω** (말하다)동사의 명령법 2인칭 복수

Νομίζω ότι ~ [노미조 오띠] 제 생각에는 ~

νιώθω [니오쏘] 느끼다

βήχετε [비헤떼] (당신은) 기침을 한다: **βήχω** (기침하다)동사의 2인칭 복수 현재시제

κάντε [깐떼] 하세요: **κάνω** (하다)동사의 명령법 2인칭 복수

(η) βρογχίτιδα [브로히띠다] 기관지염

γράφω [그라포] 쓰다, 처방하다

ελάτε [엘라떼] 오세요: **έρχομαι** (가다/오다)동사의 명령법 2인칭 복수

•그리스 여행 정보

여행 전 주그리스 대한민국 대사관 홈페이지에 들어가서 현지 여행정보와 유의사항을 확인하면 여행 준비에 큰 도움을 받을 수 있다.

외교통상부 **www.mofat.go.kr**

해외안전여행정보 **www.0404.go.kr**

그리스 한인회 홈페이지 **https://www.grhanin.com**
　　　　　　 대표 이메일 **greecehanin@gmail.com**

주한 그리스 대사관 **mfa.gr**

주그리스 대한민국 대사관 **mofa.go.kr**

그리스 관광청 홍보 사이트 **https://www.visitgreece.gr**

국내 여행 카페(지중해 바람과 햇살 그리고) **https://cafe.naver.com/card1004**

Έχω πονόλαιμο.= Πονάει ο λαιμός μου.	목이 아파요.
Έχω πυρετό.	열이 나요.
Πονάει το στομάχι μου.	배가 아파요
Έχω πονοκέφαλο.	머리가 아파요.
Έχω διάρροια.	설사를 해요.
Τρέχει η μύτη.	콧물이 나요.
Βήχω.	기침을 해요.
Από πότε είστε άρρωστος/ άρρωστη;	언제부터 아프셨나요?
Έχω συμτώματα εδώ και δύο μέρες.	이틀 전부터 증상이 있었어요.
Δεν μπορώ να κοιμηθώ καθόλου.	잠을 전혀 못자요.

어휘 플러스

여드름	(η) ακμή 아크미
알레르기	(η) αλλεργία 알레르기아
요통	πόνος στη μέση 뽀노스 스띠 메씨
복통	(το) στομαχόπονο 스또마호뽀노
출혈	(η) αιμοραγία 에모라기아
물집	(ο) έρπης 에르뻬스
기침	(ο) βήχας 비하스
당뇨	(ο) διαβήτης 디아비띠스
설사	(η) διάρροια 디아리아
어지러움	(η) ζαλάδα 잘라다
두통	(ο) πονοκέφαλος 뽀노케팔로스
치통	(ο) πονόδοντος 뽀노돈도스
암	(ο) κάρκινος 까르끼노스
피로	(η) κούραση 꾸라씨
감기	(το) κρυολόγιμα 끄리올로기마
식중독	(η) τροφική δηλητηρίαση 뜨로피끼 딜리띠리아씨
고혈압	(η) υπέρταση 이뻬르따씨
저혈압	(η) υπόταση 이뽀따씨
감염	(η) μόλυνση 몰린씨
불면증	(η) αϋπνία 아이쁘니아
비만	(η) παχυσαρκία 빠히사르끼아
골절	(το) κάταγμα 까따그마
부종	(το) οίδημα 이디마
피부질환	(η) δερματίτιδα 데르마띠띠다
스트레스	(το) άγχος 앙호스

그리스의 미신 - 사악한 눈 (마티)

그리스에도 여러 미신이 존재하지만 그 중 가장 대중적인 것은 '마티(μάτι)' 또는 '나쁜 눈(το κακό μάτι)'이라고 불리는 사악한 눈(The Evil Eye)일 것이다. 이는 누군가의 시기심이나 질투심으로 사람에게 나쁜 영향이 미치는 것을 뜻한다. 만약 누군가가 나를 시기와 질투가 담긴 사악한 눈으로 응시한다면 지속적인 두통이나 메스꺼움을 느낀다거나, 사고를 겪는다고 한다. 그래서 일종의 액막이 물건으로 이러한 저주를 피하기 위해 파란색 또는 파란색 눈을 묘사하는 유리 펜던트인 '마티'를 소지하기도 하고 보호하고 싶은 사람에게 '프투, 프투, 프투(φτου φτου φτου)'라고 침 뱉는 소리를 세 번 내

면서 침을 뱉는 시늉을 하기도 한다. 이러한 행위는 소위 부정타지 말라고 하는 미신과 비슷하다고 보면 된다. 기념품을 비롯해 악세서리 등 많은 곳에 디자인으로 사용되고 그리스 어디서나 쉽게 찾을 수 있다. 사악한 눈이라는 개념은 그리스 이외에도 지중해 문화권에서 찾아볼 수 있으며 그리스 옆 나라인 터키에서도 흔히 볼 수 있다.

Φαρμακοποιός   안녕하세요. 뭘 도와드릴까요?

Καλημέρα σας. Πώς μπορώ να σας βοηθήσω;

깔리메라 사쓰. 띠 보로 나 사스 보이띠소?

Λεωνίδας   의사 처방전의 약들을 구입하고 싶어요.

Θέλω να πάρω τα φάρμακα από τη συνταγή του γιατρού.

뗄로 나 빠로 파르마카 아뽀 띤 신다기 뚜 야뜨루.

Φαρμακοποιός   알겠습니다. 처방전 저에게 주시고 기다려주세요.

Ωραία. Δώστε μου την συνταγή και περιμένετε.

오레아. 도스떼 무 띤 신다기 께 뻬리메네떼.

잠시 후

[σε λίγο]

Φαρμακοποιός   여기 약 있습니다. 식후 30분에 하루 세 번 복용하세요.

Εδώ είναι τα φάρμακά σας. Πάρτε 3 φορές την ημέρα 30 λεπτά μετά το γεύμα.

에도 이네 따 파르마카 사스. 빠르떼 뜨리스 포레스 띤 이메라 뜨리안다 렙따 메따 또 예브마.

Λεωνίδας	알겠습니다. 감사합니다.

Κατάλαβα. Ευχαριστώ πολύ.

까딸라바. 에프하리스또 뽈리.

Φαρμακοποιός	다른 거 더 필요하세요?

Χρειάζεστε κάτι άλλο;

흐리아제스떼 까띠 알로?

Λεωνίδας	아, 네. 비타민C도 사고 싶어요.

Α, ναι. Θέλω να πάρω και βιταμήνη C.

아, 네 뗄로 나 빠로 께 비타미니 쎄.

Φαρμακοποιός	알겠습니다. 이쪽에 비타민이 있습니다.

Μάλιστα. Εδώ είναι οι βιταμήνες.

말리스따. 에도 이네 이 비타미네스.

του γιατρού [뚜 이아뜨루] 의사의:
(ο) γιατρός (의사)의 소유격 단수

Πάρετε 복용하세요: **παίρνω**(복용하다)동사의 현재시제 2인칭 복수

(η) ημέρα [이메라] 날

(το) γεύμα [게브마] 식사

κατάλαβα [까딸라바] 알겠어요:
καταλαβαίνω (이해하다)동사의 단순과거시제 1인칭 단수

χρειάζεστε [흐리아제스떼] (당신은) 필요하다:
χρειάζομαι(필요하다)동사의 현재시제 2인칭 복수

• 그리스에서 약국이용하기

그리스 약국에서는 병원에서 받은 처방전의 약을 구입하는 것뿐만 아니라 진통제나 연고 등 비상약품을 구입할 수 있다. 한국과 다른 점은 국공립 병원에서 주사약을 처방해주면 동네에 있는 약국에 가서 주사를 맞는다는 것이다. 병원에 주사를 맞으러 갈 필요가 없고 약사가 약국에 마련된 공간에서 주사를 놓아준다. 또한 약국에서 간단하게 혈압과 몸무게를 측정할 수 있다. 공휴일과 주말에는 당번 개념으로 문을 여는 약국이 있는데, 생각보다 찾기가 쉽지 않을 수 있으니 필요한 약이 있다면 약국이 보일 때 미리 구입하면 좋다.

대부분의 일반적인 약품은 그리스에서 다 구할 수 있지만 한국보다 진통제 등이 좀 센 편이라 사람에 따라 약이 강하게 느껴질 수 있으므로 예민한 경우 한국에서 평상시 복용하는 약을 챙겨가는 것이 좋다. 그리스에는 소화제의 개념이 없으므로 소화불량이 있다면 소화제 역시 소량 챙기는 것을 추천한다. 약품 이외에도 그리스 약국에서는 선크림을 비롯한 다양한 약국화장품을 구입할 수 있다. 같은 회사의 제품이라도 약국마다 다른 가격으로 할인을 하기도 해서 원하는 제품이 있다면 몇 군데 들러 보고 구입을 결정하면 된다.

Πώς πρέπει να πάρω αυτό το φάρμακο;	이 약은 어떻게 복용하나요?
Πάρτε το τρεις φορές την ημέρα μετά το φαγητό.	하루 3회 식후에 복용하세요.
Πάρτε το το πρωί και το βράδυ πριν το γεύμα.	아침과 저녁 식전에 복용하세요.
Μπορείτε να μου μετρήσετε την αρτηριακή πίεση;	혈압을 재 주실 수 있나요?
Πού είναι το κοντινότερο φαρακείο από ΄δώ;	여기서 가장 가까운 약국은 어디입니까?
Νομίζω ότι έπαθα τροφική δηλητηρίαση.	식중독에 걸린 것 같아요.
Πού είναι το τμήμα Επειγόντων Περιστατικών;	응급실이 어디인가요?

어휘 플러스

처방전	(η) γιατρική συνταγή 이아뜨리끼 신다기
항생제	(τα) αντιβιοτικά 안디비오띠까
약	(το) φάρμακο 파르마꼬
알약	(το) χάπι 하삐
물약(시럽)	(η) σιρόπι 시로삐
아스피린	(η) ασπιρίνη 아스삐리니
기침약	(το) φάρμακο για βήχα 파르마꼬 야 비하
지사제	(το) χάπι για διάρροια 하삐 야 디아리아
안약	(οι) σταγόνες για τα μάτια 스따고네스 야 따 마티아
수면제	(το) χάπι ύπνου 하삐 이쁘누
비타민	(οι) βιταμίνες 비따미네스
진통제	(το) παυσίπονο 빱시뽀노
입술물집	(τα) επιχειλιακά έρπιτα 에삐힐리아까 에르삐따
선크림	(η) αντιηλιακή κρέμα 안디일리아끼 끄레마
마스크	(η) μάσκα 마스까
반창고	χανζαπλάστ (Hansaplast) 한자플라스트 한국에서는 일회용 반창고가 대일밴드로 불린다면 그리스에서는 한자플라스트라는 회사 명칭으로 부른다.
붕대	(ο) επίδεσμος 에삐데즈모스
솜	(το) βαμβάκι 밤바끼
화장품	(τα) καλλυντικά 깔린디까
약국	(το) φαρμακείο 파르마끼오

그리스 학교의 방학

그리스 초·중학교의 방학은 1년 중 총 17주로 알려져 있다. 한국과 다른 점은 겨울방학이 따로 없고 부활절 2주, 크리스마스 2주의 방학이 있다는 것이다. 여름방학은 6월 22일(초등학교는 6월 15일)부터 9월 11일까지이다. 대학생의 경우 여름 방학은 6월 말부터 9월 말까지이며, 새 학기는 10월에 시작하고 9월에는 시험에 통과하지 못한 학생들을 위한 재시험 기간으로

사용한다. 공식적인 공휴일 외에도 거의 독점적으로 교육 부문과 관련된 몇몇 기념일은 학교가 휴교를 한다. 대표적으로 '세 성인의 날 (Γιορτή Τριών Ιεραρχών)'인 1월 30일, '폴리테크니우 (Επέτειος της

εξέγερσης του Πολυτεχνείου)' 11월 17일, 학교가 위치한 지역 성인의 축일이다. 5월 1일 노동절은 한국에서 쉬지 않는 학교가 많지만 그리스는 모두가 쉰다. 또한 폭설, 폭우, 폭염 등 날씨에 대한 이슈가 있을 때는 휴교령을 내리기도 한다.

9

일상표현

Υπάλληλος

어서오세요. 뭘 도와드릴까요?

Χαίρετε. Πώς μπορώ να σας βοηθήσω;

혜레떼. 뽀스 보로 나 싸스 보이띠소?

Πελάτισσα

안녕하세요. 휴대폰 액정이 깨졌어요. 수리할 수 있나요?

Γεια σας. Έσπασε η οθόνη του κινητού μου. Γίνεται επισκευή;

야 사스. 에스파세 이 오또니 뚜 끼니뚜 무. 기네떼 에삐스께비?

Υπάλληλος

물론이죠. 이쪽으로 오셔서 수리 신청서 작성해 주세요.

Βεβαίως. Ελάτε να συμπληρώσετε την αίτηση επισκευής.

베베오스 엘라떼 나 심블리로세떼 띤 에띠씨 에삐스께비스.

잠시 후 [σε λίγο]

Πελάτισσα

여기 신청서 작성했습니다.

Ορίστε, έτοιμη η αίτηση επισκευής.

오리스떼, 에띠미 이 에띠씨 에삐스께비스.

Υπάλληλος

좋습니다. 휴대폰을 주세요. 저희가 살펴보고 언제까지 수리가 될지 연락드리겠습니다.

Ωραία. Δώστε το κινητό σας. Θα το κοιτάξουμε και θα σας ενημερώσουμε όταν είναι έτοιμο.

오레아. 도스떼 또 끼니또 싸스. 따 또 끼딱수메 께 싸 사스 에니메로수메 오딴 이네 에띠모.

우편으로 휴대폰을 보내드릴까요?

Θέλετε να σας το στείλουμε με Courier;

뗄레떼 나 싸스 또 스띨루메 메 꾸리엘?

Πελάτισσα	아뇨. 제가 와서 가져갈게요. **Όχι, θα έρθω να το πάρω.** 오히, 싸 엘쏘 나 또 빠로.
Υπάλληλος	알겠습니다. 그럼 수리가 되면 이메일로 알려드리겠습니다. **Εντάξει. Οπότε θα σας στείλουμε email όταν είναι έτοιμο.** 엔닥시. 오뽀떼 따 사스 스띨루메 이메일 오딴 이네 에띠모.
Πελάτισσα	감사합니다. 안녕히 계세요. **Ευχαριστώ πολύ. Γεια σας.** 에프하리스또 뽈리. 야 사스.
Υπάλληος	안녕히 가세요. **Γεια σας.** 야 사스.

χαίρετε [헤레떼] 안녕하세요: χαίρω (반갑다)동사의 현재시제 2인칭 복수

έσπασε [에스빠쎄] (어떤 것이) 부서졌다: σπάω(부수다, 부서지다)동사의 단순과거시제 3인칭 단수

συμπληρώστε [심블리로스떼] 작성하세요: συμπληρώνω(작성하다)동사의 명령법 2인칭 복수

θα κοιτάξουμε [따 기딱쑤메] 우리가 살펴보겠습니다: κοιτάζω(살펴보다, 쳐다보다)동사의 단순미래 1인칭 복수

θα ενημερώσουμε [따 에니메로쑤메] 우리가 연락드리겠습니다: ενημερώνω (연락하다, 알리다)동사의 단순미래 1인칭 복수

θα στείλουμε [따 스띨루메] 우리가 보내겠습니다: στέλνω (보내다)동사의 단순미래 1인칭 복수

●그리스 전기

그리스는 한국과 동일한 220V를 사용한다. 숙소마다 상황은 다르지만 보통 전기코드가
충분하지 않으니 멀티 탭을 챙겨가면 편리하다. 그리스의 오래된 건물은 전기를 주로 사
용해서 오븐, 핫플레이트, 난방, 보일러, 조명
등을 작동하므로 갑작스럽게 정전이 되면 곤란
해 질 수 있다.

그리스 집 실내조명은 한국처럼 형광등(주광
색)이 아니라 노란 빛을 띠므로 불을 켜도 상당
히 어둡게 느껴진다. 전기세는 누진세를 적용
하며, 평수당 계산되어 생각보다 높은 편이라
여름과 겨울에는 전기사용에 주의가 필요하다.

Σε τι μπορώ να σας βοηθήσω;	무엇을 도와드릴까요?
Έχει χαλάσει το κινητό μου.	휴대폰이 고장났어요.
Έχει πέσει το κινητό μου στο νερό.	휴대폰을 물에 빠뜨렸어요.
Έπεσε στο πάτωμα.	떨어졌어요.
Έχετε καλώδιο φόρφησης κινητού;	휴대폰 충전 케이블이 있나요?
Δεν φορτίζει.	충전이 안 돼요.
Θα σας ενημερώσουμε μέσω email.	이메일로 연락 드리겠습니다.
Γράψτε εδώ το ονοματεπώνυμό και το τηλέφωνό σας.	여기에 성함과 연락처를 써 주세요.
Πείτε μου το τηλέφωνό σας.	전화번호를 알려주세요.

휴대폰	**(το) κινητό** 끼니또
카메라	**(η) φωτογραφική μηχανή** 포토그라피끼 미하니
컴퓨터	**(ο) υπολογιστής** 이폴로기스띠스
노트북	**(το) λάπτοπ** 랍톱
테블릿	**(το) τάβλετ PC** 타블렛 피씨
프린터	**(ο) εκτυπωτής** 엑띠뽀띠스
모니터	**(η) οθόνη** 오또니
선풍기	**(ο) ανεμιστήρας** 아네미스띠라스
에어컨	**(το) κλιματιστικό** 끌리마띠스띠꼬
텔레비전	**(η) τηλεόραση** 띨레오라씨
이어폰	**(τα) ακουστικά** 아꾸스띠까
전자레인지	**(το) φούρνος μικροκυμάτων** 푸르노스 미끄로끼마똔
다리미	**(το) σίδερο** 시데로
냉장고	**(το) ψυγείο** 프시기오
인덕션	**εστία/μάτι κουζίνας** 에스띠아/마띠 꾸지나스
드라이어	**(το) στεγνωστήρας μαλλιών** 스떼그노스띠라스 말리온
고데기	**(το) σίδερο μαλλιών** 시데로 말리온

흡연 구역

점점 줄어들고 있다고는 하지만 그리스에서는 흡연하는 사람들을 꽤 쉽게 볼 수 있다. 그리스는 유럽연합 국가 내에서 흡연율 2위에 이름을 올리고 있으며 한국만큼 흡연구역이 제한적이지 않아 흡연할 수 있는 장소가 자유로운 편이다. 실내 금연을 법으로 지정하고는 있지만 그렇게 엄격하게 지키는 것 같지는 않다.

<나의 사랑 그리스>라는 영화에서 외국인 여자가 바 안에서 담배를 피우는 그리스인 주인공에게 실내금연을 당당히 요구하자 어이없다는 표정을 지어 보이는 장면이 실제로도 많이 일어난다. 식당이나 카페 등에서 담배를 피우는 일이 일상적이라 야외 자리에 앉으면 담배냄새도 감수해야 하는 일이 많다.

Μαρία

안녕하세요.

Γεια σας.

야 싸스.

Κομμωτής

안녕하세요. 예약하셨나요?

Γεια σας. Έχετε κλείσει ραντεβού;

야 싸스. 에헤떼 끌리시 란데부?

Μαρία

네 다섯시에요. 제 이름은 마리아 스테파누입니다.

Ναι. Στις 5. Λέγομαι Μαρία Στεφάνου.

네. 스띠스 뻰데. 레고메 마리아 스테파누.

Κομμωτής

알겠습니다. 여기 앉으세요.

Ωραία. Καθίστε εδώ.

오레아. 까띠스떼 에도.

머리를 어떻게 해 드릴까요?

Πώς θέλετε να φτιάξουμε το μαλλί σας;

뽀스 뗄레떼 나 프티악수메 또 말리 사스?

Μαρία

머리를 펴고 조금 다듬고 싶어요.

Θα ήθελα να κάνω ίσιωμα και λίγο κούρεμα.

싸 이쎌라 나 까노 이씨오마 께 리고 꾸레마.

Κομμωτής

알겠습니다.

Μάλιστα.

말리스따.

한 시간 후
[μια ώρα αργότερα]

Κομμωτής
머리가 다 되었어요. 어떠신가요?

Είναι έτοιμα τα μαλλιά σας. Πώς σας φαίνεται το κούρεμα;
이네 에띠마 따 말랴 싸스. 뽀스 싸스 페네떼 또 꾸레마?

Μαρία
아주 마음에 들어요. 감사합니다.

Μου αρέσει πολύ. Ευχαριστώ.
무 아레씨 뽈리. 에프하리스또.

Κομμωτής
저희가 정말 감사드립니다. 안녕히 가세요.

Εμείς ευχαριστούμε πολύ. Με γεια!
에미스 에프하리스뚜메 뽈리. 메 야!

έχετε κλείσει [에헤떼 끌리씨]
(당신은) 예약을 했다: **κλείνω** (예약하다)동사의 현
재완료시제 2인칭 복수

(το) ραντεβού [란데부] 약속

καθίστε [까띠스떼] 앉으세요: **κάθομαι**(앉다)동
사의 명령법 2인칭 복수

να φτιάξουμε [나 프티악세떼] 만들기:
φτιάχνω(만들다)동사의 접속법 1인칭 복수

έτοιμα [에띠마] 준비된: **έτοιμος/η/ο** (준비 된)
형용사의 중성 복수

•그리스의 K-BEAUTY

한류열풍이 불고 한국 문화를 좋아하는 그리스인들 사이에서 예전부터 한국 화장품은 해외 직구를 통해 인기가 있었다.

최근 한국 뷰티 제품이 많이 진출해 있고, 한국 화장품을 세포라(Sephora)나 혼도스 센터(Hondos Center)같은 화장품 전문 백화점에서 쉽게 볼 수 있다. 한국 제품의 인기가 좋아 한국에서 팩이나 핸드크림 등을 선물로 사간다면 고마운 일이 생기거나 새 친구를 만나게 되었을 때 선물하기 좋다.

Πρέπει να περιμένετε λίγο.	좀 기다리셔야 합니다.
Έχετε κλείσει ραντεβού;	예약을 하셨나요?
Πρέπει να κλείσω ραντεβού;	예약을 해야하나요?
Είναι η σειρά σας.	손님 차례입니다.
Θέλω κούρεμα.	머리를 자르고 싶어요.
Θέλω να κόψω τις ψαλίδες.	머리 끝부분을 다듬고 싶어요.
Θα ήθελα βάψιμο.	염색을 하고 싶어요.
Έχετε κάποιο συγκεκριμένο στυλ;	원하는 스타일이 있으세요?

미용실	(το) κομμωτήριο
	꼬모띠리오
이발소	(το) κούρειο
	꾸리오
드라이 기본/ 저녁(외출용)	Χτένισμα απλό/βραδινό
	흐떼니즈마 아쁠로/브라디노
헤어스타일 남성/여성/어린이	κούρεμα αντρικό/γυναικείο/παιδικό
	꾸레마 안드리고/기네끼오/뻬디꼬
염색	(η) βαφή
	바피
뿌리염색	(η) βαφή ριζών
	바피 리존
탈색	(ο) αποχρωματισμός
	아뽀흐로마띠즈모스
테라피	(η) θεραπεία
	떼라뻬아
드라이	(το) φορμάρισμα
	포르마리즈마
스트레이트	(το) ίσιωμα
	이씨오마
제모	(η) αποτρίχωση
	아뽀뜨리호씨
샴푸	(το) λούσιμο
	루씨모

그리스가 궁금해 그리스인의 감정 표현

그리스인들이 때에 따라 축하와 공감, 슬픔을 나누는 방식은 다양한 인사말로 표현된다. 이러한 표현들을 알고 있으면 상황에 따라 함께 마음을 나눌 수 있다.

Χρόνια πολλά! 모든 축하표현에 사용할 수 있는 말로 직역하면 '오랜 시간(건강하세요)'라는 뜻이다.

Να εκατοστήσεις! 생일 축하 인사

Να ζήσετε! 결혼한 부부에게 하는 인사

Να σας ζήσει! 아기가 태어났을 때 하는 축하 인사

Συγχαρητήρια! 축하(성적, 성과 등에 대한)인사

Καλά Χριστούγεννα! 메리 크리스마스!

Καλό Πάσχα! 부활절 인사

Καλή χρονιά! 새해 인사

Συλλυπητήρια. 죽음에 대한 애도의 인사

Καλορίζικο! 새로운 시작에 대한 축하 인사

Πελάτης	안녕하세요.
	Γεια σας.
	야 싸스.

Υπάλληλος	안녕하세요.
	Καλημέρα σας.
	깔리메라 사스.

Πελάτης	이 바지 드라이클리닝을 맡기고 싶은데요.
	Θα ήθελα να αφήσω αυτό το παντελόνι για στεγνό καθάρισμα.
	따 이뗄라 나 아피쏘 아프또 또 빤델로니 야 스테그노 까따리즈마.

Υπάλληλος	알겠습니다.
	Μάλιστα.
	말리스따.

Πελάτης	준비되려면 며칠이나 걸리나요?
	Πόσες μέρες χρειάζον ται μέχρι να ετοιμαστεί;
	뽀세스 메레스 흐리아존데 메흐리 나 에띠마스띠?

Υπάλληλος	이틀이면 준비됩니다. 목요일 네 시쯤에 오세요.
	Θα είναι έτοιμο σε δύο μέρες. Ελάτε την Πέμπτη κατά τις 4.
	따 이네 에띠모 쎄 디오 메레스. 엘라떼 띤 뻼띠 까따 띠스 떼세리스.

Πελάτης	알겠습니다.
	Ωραία.
	오레아.

Υπάλληλος 성함이랑 전화번호 하나 말씀해 주세요.

Πείτε μου το ονοματεπώνυμό σας και ένα τηλέφωνο.

삐떼 무 또 오노마떼뽀니모 싸스 께 에나 띨레포노.

Πελάτης 제 이름은 민수 김이고 전화번호는 6882318420입니다.

Λέγομαι Μίνου Κιμ και το τηλέφωνο είναι 6982318420.

레고메 민우 킴 께 또 띨레포노 이네 엑시 에네아 옥또 디오 뜨리아 에나 옥또 떼쎄 라 디오 미덴.

Υπάλληλος 이 종이 가져가시고 찾으러 오실 때 가지고 오세요.

Πάρτε αυτό το χαρτάκι, να το έχετε μαζί σας όταν έρθετε για παραλαβή.

빠르떼 아프또 또 하르따끼, 나 또 에헤떼 마지 싸스 오딴 엘쎄떼 야 빠랄라비.

Πελάτης 알겠습니다. 감사합니다. 좋은 하루 보내세요.

Εντάξει. Ευχαριστώ. Καλή σας μέρα!

엔닥시. 에프하리스또. 깔리 사스 메라

να αφήσω [나 아피쏘] (내가) 맡기려고:
αφήνω(맡기다, 두다)동사의 접속법 1인칭 단수

πόσες [뽀쎄스] 얼마나: 수량형용사 **πόσος/η/ο**
의 여성형 복수

χρειάζονаι [흐리아존데] 필요하다:
χρειάζομαι (필요하다)동사의 현재시제 3인칭 복수

να ετοιμαστεί [나 에띠마스띠] 준비되는데:
ετοιμάζομαι (준비되다)동사의 접속법 3인칭 단수

(το) ονοματεπώνυμο [오노마떼뽀니모] 성명

(η) παραλαβή [빠랄라비] 수령, 받음

•음식 배달

그리스에도 배달 어플이 최근 많이 사용되고 있다. 아직은 아테네같은 대도시에서 많이 이용하는데, 대표적으로 볼트(volt)나 이푸드(e-food)를 주로 사용한다. 카드를 등록하고 주변 카페나 식당을 검색해 손쉽게 배달을 시킬 수 있다.

그리스의 집은 중앙 입구가 잠겨있고 벨을 누르면 각 집에서 문을 열어줄 수 있기 때문에 머무는 집 현관 초인종에 써 있는 이름과 층수 등을 집주인에게 확인하고 등록해야 배달원이 찾아올 수 있다. 호텔의 경우 외부 음식의 반입가능여부를 확인하고 배달 어플을 이용하도록 하자.

Κάνετε επιδιόρθωση ρούχων;	옷 수선을 하시나요?
Αυτό το παντελόνι χρειάζεται κόντεμα.	이 바지 길이수선이 필요해요.
Πόσο κάνει το στένεμα μέσης μιας φούστας;	치마 허리 줄이는 건 얼마인가요?
Η μπολούζα χρειάζεται σίδερωμα.	블라우스에 다림질이 필요해요.
Θέλω να κάνω αλλαγή φερμουάρ.	지퍼를 바꿔 달고 싶어요.
Θα ήθελα απλό σιδέρωμα.	기본 다림질을 원합니다.
Μπορώ να έχω απορρυπαντικό ρούχων;	세제를 얻을 수 있을까요?
Πού μπορώ να αγοράσω μανταλάκια;	빨래집게를 어디서 살 수 있나요?

어휘 플러스

세탁소	(το) καθαριστήριο ρούχων 까따리스띠리오 루혼
드라이클리닝	(το) στεγνό καθάρισμα 스떼그노 까따리즈마
빨래방	(το) πλυντήριο αυτοεξυπηρέτησης (landromat) 쁠린디리오 아프또엑시삐레띠씨스
다림질	(το) σιδέρωμα 시데로마
옷 수선	(η) επιδιόρθωση ρούχων 에삐디올또씨 루혼
(길이) 줄임	(το) κόντεμα 꼰데마
(폭) 줄임	(το) στένεμα 스떼네마
바느질	(το) ράψιμο 랍시모
빨래건조대	(ο) στεγνωτήρας ρούχων 스테그노띠라스 루혼
빨래집게	(το) μανταλάκι 만달라끼
옷걸이	(η) κρεμάστρα 끄레마스뜨라

에브조네스,
근위병 교대식(αλλαγή της φρουράς)

'촐리아데스'로도 불려지는 근위병 에브조네스는 오톤 왕에 의해 왕실의 개인적인 경호를 위해 생겼고, 근위병들의 의상은 그리스 남부의 19세기 전통 의상을 기반으로 한다. 근위병 의상에서 치마에는 400개의 주름이 있는데 이는 오스만 터키의 400년 지배를 상징한다. 근위병 교대식은 매시 정각에 신다그마 광장 위 국회의사당 앞 무명용사의 비 앞에서 진행된다.

특히 매주 일요일 11시의 교대식이 가장 크게 진행된다. 국회의사당을 바라본 방향에서 오른 쪽에는 한국에 참전해 전사한 용사들을 기리는 의미로 한국(KOPEA)이 그리스어로 새겨져 있다.

Πελάτισσα	안녕하세요.

Γεια σας.

야 사쓰.

Υπάλληλος	어서오세요. 주유구를 열어주세요. 휘발유를 얼마나 넣을까요?

Καλημέρα σας. Ανοίξτε το πορτάκι του ρεζερβουάρ παρακαλώ. Πόσα λίτρα βενζίνης θέλετε να βάλω;

깔리메라 싸쓰. 아닉스떼 또 뽀르따끼 뚜 레젤부아르 빠라깔로. 뽀싸 리뜨라 벤지니스 뗄레떼 나 발로?

Πελάτισσα	unleaded 95로 가득 넣어 주세요.

Γεμίστε το unleaded 95.

예미스떼 또 언리디디드 에네닌다 뻰데.

Υπάλληλος	알겠습니다. 60유로입니다. 계산은 카드로 하시나요 현금으로 하시나요?

Ωραία. Είναι 60 ευρώ. Θα πληρώσετε καρτά ή μετρητά;

오레아. 이네 엑신다 에브로. 따 쁠리로쎄떼 까르따 이 메뜨리따?

Πελάτισσα	카드로요.

Με κάρτα.

메 까르따.

Υπάλληλος	여기 안으로 오셔서 계산해 주세요.

Ελάτε μέσα να πληρώσετε.

엘라떼 메사 나 쁠리로세떼.

여기 영수증이 있습니다. 정말 감사합니다.

Εδώ η απόδειξή σας. Ευχαριστώ πολύ.

에도 이 아뽀딕시 싸스. 에프하리스또 뽈리.

| Πελάτισσα | 아, 혹시 가장 가까운 정비소를 아세요? |

Α, μήπως ξέρετε πού είναι το κοντινότερο συνεργείο;

아, 미뽀스 크세레떼 뿌 이네 또 꼰디노떼로 시네르기오?

| Υπάλληλος | 네, 여기 옆에 있어요. |

Ναι, είναι εδώ δίπλα.

네, 이네 에도 디쁠라.

ανοίξτε [아닉스떼] 열어주세요: ανοίγω(열다)동사의 명령법 2인칭 복수

(το) πορτάκι [뽀르따끼] (작은)문=여기서는 주유구: (η) πόρτα(문)의 지소사 형태 명사

(η) βενζίνη [벤지니] 휘발유

γεμίστε [예미스떼] 가득 채우세요: γεμίζω(속을 채우다)동사의 명령법 2인칭 복수

να πληρώσετε [나 쁠리로쎄떼] 돈을 지불하기 위해: πληρώνω (돈을내다)동사의 접속법 2인칭 복수

το κοντινότερο [꼰디노떼로] 가장 가까운: κοντά(가까운)의 비교급 κοντινότερος/η/ο의 중성 단수형

•주유하기

자동차를 빌려 여행을 할 경우 주유소에 갈 일이 많은데, 그리스의 주유소와 한국 주유소는 조금 다른 연료명을 사용하고 있다.

디젤 차량이 아닌 경우 휘발유를 넣게 되는데 그리스 주유소에서는 대표적으로 Unleaded 95를 볼 수 있다. 뒤에 붙는 숫자가 더 높은 연료(Unleaded 98, Super Unleaded 100 등)는 가격대가 조금 더 높은데 이 숫자는 휘발유의 옥탄가를 가리키며, 이것은 자가 점화에 대한 연료의 저항을 알려주는 지표이다.

보통 가장 경제적인 연료인 Unleaded 95는 엔진의 원활한 작동을 보장하기에 충분하다고 알려져 있으나, 차를 빌릴 때 어떤 연료를 넣어야 하는지 꼭 확인하도록 한다. 주유소에서 기름을 넣을 때 가격이 다르므로 꼭 원하는 연료를 확인하고 주유하도록 하자. 그리스 렌터카는 자동보다는 수동이 훨씬 많고 자동이 훨씬 비싸다.

Πρέπει να επιστρέψω το αυτοκίνητο με γεμάτο το ρεζερβουάρ;	차를 반납할 때 연료를 가득 채워야 하나요?
Πού είναι το κοντινότερο βενζινάδικο;	가장 가까운 주유소가 어디인가요?
Βάλτε μου 20 ευρώ.	(연료를) 20유로어치 넣어주세요.
Το αυτοκίνητο έχει υποστεί βλάβη.	자동차가 고장이 났어요.
Η μηχανή κάνει παράξενο θόρυβο.	기계에서 이상한 소리가 납니다.
Πρέπει να πάω στο συνεργείο.	자동차 정비소에 가야 해요.
Χρειάζεται απλό μπάλωμα στο ελαστικό.	타이어를 떼워야할 것 같아요
Πόσο κοστίζει;	얼마인가요

자동차 연료통	(το) ρεζερβουάρ (αυτοκινήτου) 레제르부아르 (아프또끼니뚜)
엔진	(ο) κινητήρας 끼니띠라스
브레이크	(το) φρένο 프레노
공기	(ο) αέρας 아에라스
물	(το) νερό 네로
자동차 타이어	(τα) ελαστικά αυτοκινήτων 엘라스티까 아프또끼니똔
부품	(τα) ανταλλακτικά 안달락띠까

금방 친해지는 그리스인과 정(filoksenia)

그리스인의 특징을 대표하는 어휘로 '필로크세니아(φιλοξενία)'가 있다. 어원적으로 살펴보면 φιλώ, 사랑하다, + ξένος, 외국인/외부인 = 외국인/외부인을 향한 사랑/애정으로 해석할 수 있다. 보통 Greek hospitality로 번역된다. 필로크세니아는 한국인의 정(情)과도 공유하는 것이 많은 개념으로 손님을 기꺼이 받아들이고 좋은 것으로 대접하는 그리스의 문화를 반영하고 있다. 여행을 하는 것이 지금처럼 흔하지 않았던 고대 그리스에는 타지에서 온 손님을 기꺼이 집에 머물게 하고 좋은 것으로 대접하면서 손님으로부터 타지의 새로운 소식을 듣는 문화가 있었다. 외국인들을 잘 대접하는 것은 신성한 일로 반드시 지켜야하는 덕목이었으며 외국인을 홀대하는 것은 죄로 여겨졌다. 오래전부터 시작된 필로크세니아 문화는 여전히 그리스를 찾는 이들에게 좋은 인상을 주고 있으며 그리스인들은 이를 자랑스럽게 생각하며 실천하려고 한다. 실제로 그리스의 집에는 손님용 방이나 침대가 있는 곳이 많고, 한국에 비해 손님들이 방문해 숙식을 제공받는 일도 흔한 편이다. 반드시 숙식을 제공하는 것이 아니더라도 자신의 지역을 찾은 방문객에게 최대한의 친절을 베풀기 위해 노력하는 그리스의 필로크세니아를 느껴보자.

그리스의 공휴일, 행사

그리스의 공휴일은 크게 종교 기념일과 국가 공휴일로 나누어 볼 수 있다. 해마다 부활절이 언제인가에 따라 앞뒤로 종교 기념일 날짜가 달라진다고 생각하면 편리하다. 특히 3월 25일은 그리스의 독립기념일이자 성모희보일로 국가 공휴일과 종교축일이 겹치는 날이다. 그 외에 각 지역별로 대표 성인을 기념하는 날에 지역 공휴일이 있다. 공휴일 전날 학교에서는 반일 휴일(ημιαργία)을 먼저 시작하여 12시까지만 수업을 운영하기도 한다.

1월

1일 : 새해 첫 날 πρωτοχρονιά
6일: 주현절 Θεοφάνεια

2월

*정결한 월요일 Καθαρά Δευτέρα

3월

25일 : 독립기념일 Επέτειος της Επανάστασης του 1821
성모희보일 Ευαγγελισμός της Θεοτόκου

4월

*부활절 성 금요일
*부활절 성 토요일
*부활절
*부활절 다음 월요일

5월

1일: 노동절 **Πρωτομαγιά**

붉은 글씨로 된 날들은 그리스정교 관련 기념일이고 앞에 *가 붙은 날은 율리우스력으로 한국의 음력과 같이 해마다 날짜가 변동되는 공휴일이다.

6월

*성령 강림절 **Αγίου Πνεύματος**
*오순절 **Πεντηκοστή**

8월

15일 : 성모 안식일 **Κοίμηση της Θεοτόκου**

10월

28일 : 오히메라 **Ημέρα του Όχι**

12월

25일 : 크리스마스 **Χριστούγεννα**
26일: **Σύναξη της Θεοτόκου**

아크로폴리스가 그리스의 유네스코 세계문화유산 1호라는 잘못 된 정보가 인터넷에 퍼져있다. 아마도 아크로폴리스의 위상이 큰데다 유네스코의 앰블럼이 아크로폴리스의 파르테논 신전을 딴 것이기 때문에 생긴 오해일 것이다. 그리스에서 처음으로 유네스코 세계 문화유산에 선정된 유적은 그리스 남부 펠로폰네소스 지역 바세스(Βάσσες)에 있는 아폴론 신전으로 1986년에 세계문화유산으로 선정되었다. 이후 많은 문화유산들이 등재되었고 2023년 기준 그리스에서 19곳이 유네스코 세계문화유산으로 등재되어 있다.

1 Ναός του Επικούρειου Απόλλωνος στις Βάσσες (1986)
Temple of Apollo Epicurius at Bassae
(아폴로 에피큐리우스 신전)

2 Αρχαιολογικός χώρος Ακροπόλεως Αθηνών (1987)
Acropolis archaeological site, Athens 아테네의 아크로폴리스

3 Αρχαιολογικός χώρος Δελφών (1987)
Archaeological site of Delphi 델포이 유적지

4 Ιερό του Ασκληπιού στην Επίδαυρο (1988)
Sanctuary of Asklepios, Epidaurus 에피다우로스/에피다브로스

5 Άγιον Όρος – Άθως (1988)
Mount Athos 아토스산

6 Μεσαιωνική πόλη της Ρόδου (1988)
Medieval city of Rhodes 로도스의 중세도시

7 Μετέωρα (1988)
Meteora 메테오라

8 Παλαιοχριστιανικά και Βυζαντινά μνημεία Θεσσαλονίκης (1988)
Paleochristian and Byzantine monuments of Thessaloniki
테살로니키의 초기 그리스도교 및 비잔틴 유적

9 Αρχαιολογικός χώρος Μυστρά (1989)
Archaeological site of Mystras 미스트라스 유적지

10 Αρχαιολογικός χώρος Ολυμπίας (1989)
Archaeological site of Olympia 올림피아 유적

11 Αρχαιολογικός χώρος Δήλου (1990)
Archaeological site of Delos 델로스 섬

12 Μονή Δαφνίου, Μονή Όσιου Λουκά και Νέα Μονή Χίου (1990)
Monasteries of Daphni, Hosios Loukas and Nea Moni of Chios

13 Ηραίον Σάμου (1992)
Archaeological site of Heraion of Samos 사모스섬의 헤라신전

14 Αρχαιολογικός χώρος Αιγών (Βεργίνα) (1996)
Archaeological site of Aigai (Vergina) 베르기나의 고고학 유적

15 Αρχαιολογικοί χώροι Μυκηνών και Τίρυνθας (1999)
Archaeological sites of Mycenae and Tiryns 미케네와 티린스 유적

16 Ιστορικό κέντρο (Χώρα), Μονή Αγίου Ιωάννη του Θεολόγου και Σπήλαιο Αποκαλύψεως στην Πάτμο (1999)
Historic centre (Chora), Monastery of Saint John Theologos and the cave of the Apocalypse in Patmos
호라와 성 요한 수도원, 요한 계시록 동굴

17 Παλαιά Πόλη Κέρκυρας (2007)
Old Town of Corfu 코르푸의 구시가

18 Αρχαιολογικός χώρος των Φιλίππων (2016)
Archaeological Site of Philippi 필리피 유적

19 Πολιτιστικό Τοπίο Ζαγορίου (2023)
Zagori Cultural Landscape 자고리 문화경관

대사관 및 주요 비상 연락처

주그리스 대한민국 대사관

주소: Embassy of the Republic of Korea, Athens Tower A' building, 19th Floor,
   2-4 Messogion Avenue, 115 27, Athens, Greece

전화: +30-210-698-4080/2, 민원실: 내선 18번

이메일: gremb@mofa.go.kr

비상연락처 (긴급 사건 사고일 경우) : +30-694-611-7098 (영사과)

그리스 한인회

홈페이지: https://www.grhanin.com

대표 이메일: greecehanin@gmail.com

외교통상부 영사 콜센터

플레이스토어 또는 앱스토어에서 '영사콜센터' 또는 '영사콜센터 무료전화'를 검
색하여 설치

• 통합 긴급전화 112
• 경찰 100
• 관광경찰 (외국인 비상전화, 영어) 1571
• 화재신고 199